이야기로 배우는

진 짜 진 짜

급수 한자

7급 ②

저자

김향림

중앙대학교 중어학과 졸업
한국외국어대학교 교육대학원 중국어교육학과 졸업

• 리라초등학교 중국어 교과전담
• 리라초등학교 방과후 한자 전담
• 청강문화산업대학교 중국어 강의
• 광양중학교, 광양고등학교, 수도여자고등학교,
  대일디자인관광고등학교, 해성여자고등학교, 가천대학교 중국어 강의

저서
• 이야기로 배우는 진짜 진짜 급수 한자 8급
• 이야기로 배우는 진짜 진짜 급수 한자 7급 ①, ②
• 이야기로 배우는 진짜 진짜 급수 한자 6급 ①, ②

이야기로 배우는
진짜진짜
급수한자 7급 ②

초판발행	2021년 5월 20일
1판 3쇄	2023년 9월 25일
글쓴이	김향림
편집	최미진, 연윤영, 엄수연, 高霞
펴낸이	엄태상
디자인	진지화
콘텐츠 제작	김선웅, 장형진
마케팅본부	이승욱, 왕성석, 노원준, 조성민, 이선민
경영기획	조성근, 최성훈, 구희정, 김다미, 최수진, 오희연
물류	정종진, 윤덕현, 신승진, 구윤주
펴낸곳	시소스터디
주소	서울시 종로구 자하문로 300 시사빌딩
주문 및 문의	1588-1582
팩스	0502-989-9592
홈페이지	www.sisostudy.com
네이버카페	cafe.naver.com/sisasiso
네이버블로그	blog.naver.com/sisosisa
인스타그램	instagram.com/siso_study
이메일	sisostudy@sisadream.com
등록일자	2019년 12월 21일
등록번호	제2019 - 000148호

ISBN 979-11-91244-22-9 64710
     979-11-91244-19-9 (세트)

"피카츄! 다음 한자 시간에 선생님이 꼬~옥 나를 시켜주셨으면 좋겠어~ 꼬~옥 들어줘야 해!"

한자 시간에 한자를 다 배우고 난 다음 학생들이 나와서 배운 한자를 쓰는 시간인데, 시간은 정해져 있고 학생들이 서로 써보겠다고 해서 결국 몇 학생만 나와서 써보고 자기 자리로 들어갑니다. 한자를 써보지 못하고 앉아있던 학생이 속이 상했는지 일기장에 써 놓은 내용입니다.

"선생님~ 팔방미인은 날 수도 있어요?"

여덟 팔(八)를 배우고 이 글자가 들어가는 낱말에는 팔방미인이 있다고 설명합니다. 그 때 바로 질문이 들어옵니다. "못하는 게 없이 이것저것 다 잘하는 사람을 보고 팔방미인이라고 하는 거예요." 말이 끝나기가 무섭게 빛의 속도로 들어오는 질문 하나! "어~~그러면 팔방미인은 날 수도 있어요?"라고 물어봅니다.

"선생님은 한자 나라에서 왔어요? 한자 나라에는 얼마나 많은 한자들이 있어요?"

수업시간에 배운 한자를 열심히 쓰고 있던 한 친구가 옆을 지나가던 저에게 조용히 물어봅니다.

"선생님~ 이 한자 처음 봤을 때는 어려웠는데, 책의 그림을 보고 선생님 설명 들으니 정말 쉬워요!"

한자 수업 시간은 이렇게 재미있는 사건들과 다양한 생각들이 오가는 즐거운 시간입니다.
수업 시간에 학생들의 귀여운 표정 하나하나를 살펴보고 있으면 그 귀여운 표정을 따라서 저도 학생들의 생각 속으로 따라 들어갑니다.

한자는 어렵다는 생각 때문에 한자 배우기를 두려워하는 학생들이 많습니다. 그렇지만 한자를 배우면서 재미있어 하고, 한자가 만들어진 유래들 듣고 생각해 보면서 상상력이 더 풍부해지기도 하는 시간이 한자 시간입니다. 한자를 배우고 난 후, 그 한자들로 만들어진 한자 어휘를 공부하면서 배우는 기쁨이 더해지고 신기해 합니다.

초등학교 저학년 때는 문제 없지만, 점점 학년이 올라가면서 과목도 많아지고 교과서에도 모르는 어휘들이 수두룩하게 나와 힘들어 하는 친구들이 많습니다. 그 모르는 어휘들은 한자로 이루어진 한자어가 대부분입니다. 한자를 아는 친구들은 낯선 한자어들이 나와도 배운 한자에 살을 붙여 가며, 한자어를 공부하던 습관이 생겨서 가벼운 마음으로 즐겁게 공부할 수 있습니다.

우리 학교에는 꼭 스승의 날이 아니더라도 모교를 찾아오는 졸업생들이 많습니다. 졸업생들이 한자를 배워서 도움이 되었다고 이구동성으로 이야기합니다. 한자를 배워놓으니 중, 고등학교 때는 물론이고, 수능을 볼 때 언어영역에서 많은 도움이 되었다는 말을 많이 합니다. 학생들의 이런 말을 들을 때면 그 어느 때보다 보람도 느껴지면서 "더 열심히 해야겠다"라는 생각이 듭니다.

"시무룩한 얼굴로 들어가 즐거운 마음으로 나오는 수업 시간은?"
어린이들이 좋아하는 수수께끼로 만들어 보았는데요~ 모든 학생의 답이 "한자 시간"이라는 말이 나올 수 있게 즐거운 수업, 재미있는 교재를 만들기 위해 노력하겠습니다. 감사합니다.

김향림

8급	읽기 한자 50자, 쓰기 한자 없음 유치원생이나 초등학생에게 한자 학습의 동기 부여를 위한 급수 단계
7급 II	읽기 한자 100자, 쓰기 한자 없음 8급을 합격하거나 8급한자를 학습한 후, 7급을 준비하는 초급 단계
7급	읽기 한자 150자, 쓰기 한자 없음 한자 공부를 처음 시작하는 초급 단계
6급 II	읽기 한자 225자, 쓰기 한자 50자 한자 쓰기를 시작하는 첫 급수 단계
6급	읽기 한자 300자, 쓰기 한자 150자 기초 한자 쓰기를 시작하는 급수 단계
5급 II	읽기 한자 400자, 쓰기 한자 225자 6급과 5급의 격차를 해소하기 위한 급수 단계
5급	읽기 한자 500자, 쓰기 한자 300자 일상생활 속의 한자를 사용하여 쓰기 시작하는 급수 단계
4급 II	읽기 한자 750자, 쓰기 한자 400자 5급과 4급의 격차를 해소하기 위한 급수 단계
4급	읽기 한자 1000자, 쓰기 한자 500자 초급에서 중급으로 올라가는 급수 단계

한국어문회-한자능력검정시험이란?

사단법인 한국어문회에서 주관하고, 한국한자능력검정회가 시행하는 한자 활용능력시험을 말합니다. 1992년 12월 9일 1회 시험을 시작으로 2001년 1월 1일 이후, 국가 공인 자격시험(3급II~특급)으로 치러지고 있습니다.

한자능력검정시험은 어떻게 응시하나요?

* **주관:** 사단법인 한국어문회(02-1566-1400)
* **시행:** 한국한자능력검정회
* **(방문)접수처:** 서울 서울특별시 서초구 서초1동 1627-1 교대벤처타워 401호 한국한자능력검정회
   기타 지역 한자능력검정시험 지역별 접수처 및 응시처 참조
* **(방문)접수 시 준비물:** 반명함판 사진 3매(3X4cm · 무배경 · 탈모), 응시료, 한자 이름, 주민등록번호, 급수증 수령 주소
* **(인터넷)접수 사이트:** www.hanja.re.kr
* **(인터넷)접수 시 준비물:** 반명함 사진 이미지, 검정료 결제를 위한 신용 카드, 계좌 이체의 결제 수단, 한자 이름, 주민등록번호, 급수증 수령 주소

한자능력검정시험에는 어떤 문제가 나오나요?

구분	8급	7 II급	7급	6 II급	6급	5 II급	5급	4 II급	4급
읽기 배정 한자	50	100	150	225	300	400	500	750	1,000
쓰기 배정 한자	0	0	0	50	150	225	300	400	500
독음	24	22	32	32	33	35	35	35	32
훈음	24	30	30	29	22	23	23	22	22
장단음	0	0	0	0	0	0	0	0	3
반의어	0	2	2	2	3	3	3	3	3
완성형	0	2	2	2	3	4	4	5	5
부수	0	0	0	0	0	0	0	3	3
동의어(유의어)	0	0	0	0	2	3	3	3	3
동음이의어	0	0	0	0	2	3	3	3	3
뜻풀이	0	2	2	2	2	3	3	3	3
약자	0	0	0	0	0	3	3	3	3
필순	2	2	2	3	3	3	3	0	0
한자 쓰기	0	0	0	10	20	20	20	20	20

✸ 출제기준표는 기본 지침 자료로서, 출제자의 의도에 따라 차이가 있을 수 있습니다.
✸ 상위 급수 한자는 하위 급수 한자를 모두 포함하고 있습니다.
✸ 쓰기 배정 한자는 한두 급수 아래의 읽기 배정 한자이거나 그 범위 내에 있습니다.

한자능력검정시험의 합격 기준을 알고 싶어요!

급수별 합격기준	교육 급수								
	8급	7 II급	7급	6 II급	6급	5 II급	5급	4 II급	4급
출제 문항 수	50	60	70	80	90	100			
합격 문항 수	35	42	49	56	63	70			
시험 시간	50분								

한자능력검정시험에 합격하면 좋은 점!

✸ 3급II~특급은 국가 공인자격증으로, 이 급수를 취득하면 초, 중, 고등학교 생활기록부의 자격증란에 기재되고,
4급~8급을 취득하면 세부능력 및 특기사항란에 기재됩니다.
✸ 대학 입학 수시 모집 및 특기자 전형에 지원이 가능합니다.
✸ 대학 입시 면접에서 가산점 부여 및 졸업 인증, 학점 반영 등의 혜택이 주어집니다.
✸ 2005년 수능부터 제2외국어 영역에 한문 영역이 추가되었습니다.

8급	선정 한자 30자, 교과서 한자어 20자(13단어)
7급	선정 한자 50자, 교과서 한자어 70자(43단어)
6급	선정 한자 70자, 교과서 한자어 100자(62단어)
준5급	선정 한자 150자, 교과서 한자어 100자(62단어)
5급	선정 한자 300자, 교과서 한자어 150자(117단어)
준4급	선정 한자 500자, 교과서 한자어 200자(139단어)
4급	선정 한자 700자, 교과서 한자어 200자(156단어)
준3급	선정 한자 1000자, 교과서 한자어 350자(305단어)

한자교육진흥회-한자자격시험이란?

사단법인 한자교육진흥회에서 주관하고, 한국한자실력평가원이 시행하는 한자 활용능력시험을 말합니다.
기초 한자와 교과서 한자어 평가로 초, 중, 고등학생들에게 학업에 도움을 주며, 교과서에 자주 등장하는 한자어를 분석하여 한자 공부를 할 수 있도록 하고 있습니다.

한자자격시험은 어떻게 응시하나요?

* **주관**: 사단법인 한자교육진흥회 (02-3406-9111)
* **시행**: 한국한자실력평가원
* **(방문) 접수처**: 서울 서울특별시 중구 저동2가 78번지 을지비즈센터 401호
  기타 지역 한자자격시험 지역별 접수처 및 응시처 참조
* **(방문) 접수 시 준비물**: 반명함판 사진 1매(3X4cm·무배경·탈모), 응시료, 한자 이름, 주민등록번호, 급수증 수령 주소
* **(인터넷)접수 사이트**: web.hanja114.org
* **(인터넷) 접수 시 준비물**: 반명함 사진 이미지, 검정료 결제를 위한 신용 카드, 계좌 이체의 결제 수단, 한자 이름, 주민등록번호, 급수증 수령 주소

한자자격시험에는 어떤 문제가 나오나요?

구분		8급	7급	6급	준5급	5급	준4급	4급	준3급
급수별 선정 한자	훈음	25	25	20	15	15	5	15	15
	독음	25	25	20	15	15	15	15	15
	쓰기	0	0	10	20	20	20	20	20
	기타	15	15	15	15	15	15	15	15
교과서 실용 한자어	독음	15	15	15	15	15	15	15	15
	용어뜻	10	10	10	10	10	10	10	10
	쓰기	0	0	0	0	0	0	0	0
	기타	10	10	10	10	10	10	10	10

한자자격시험의 합격 기준을 알고 싶어요!

급수별 합격기준	교육급수							
	8급	7급	6급	준5급	5급	준4급	4급	준3급
출제 문항 수	50	50	80	100	100	100	100	100
합격 득점(%)	70%이상							
시험 시간(분)	60분							

한자능력검정시험의 특징

* 한자사용능력을 종합적으로 평가합니다.
* 사고력과 어휘력을 향상시킵니다.
* 학업성적 향상에 기여합니다.
* 교과학습능력을 신장시킵니다.

한자능력검정시험의 우수성

우리나라 학생들 중 상다수가 교과서에 나오는 단어(한자어)의 정확한 뜻을 이해하지 못해 학업 성적이 떨어질 수 있다는 사실을 아십니까?

한국한자실력평가원에서 시행하는 한자자격시험은 한자와 한자어를 자연스럽게 익히게 하여 풍부한 어휘력과 사고력, 표현력을 향상시키는 데 도움을 줍니다.

구성과 특징

한자 훈·음 익히기!
한자의 뜻과 음을 먼저 보고
배울 한자를 미리 생각해봐요.

그림으로 익히기!!
한자의 뜻과 음을 익힌 후, 그림을
보며 연상하여 한자까지 익혀 봐요!

어문회, 진흥회를 함께!
어문회 7급 배정 한자와
진흥회 7급 선정 한자를
한번에 모두 익힐 수 있어요.
* 어문회 배정 한자는 "어",
진흥회 배정 한자는 "진"으로
표시했어요.

부수와 총획 제시!
한자의 부수와 총획도 문
제도 거뜬히 풀 수 있어요.

한자의 자원 풀이~
한자가 만들어지는 과정
과 풀이를 통해 한자를
쉽게 기억할 수 있어요.

한자 쓰기!!
필향과 필순을 정확하게
익혀서 쓸 수 있어요.

생활 속 한자!
실생활 속에서 사용되는 한자를 예
문을 통해 활용 학습이 가능하도록
하였어요!
흐리게 된 글씨는 따라 써 보며 다시
한번 익힐 수 있어요.

한자 속 한자

봄 춘

뜻은 봄이고, 춘이라고 읽어요.

햇볕(日 날 일)을 받아 초목의 싹(艸 풀 초)이 무성하
게 자라나고, 화초가 우거지는 봄날의 모습으로, '봄'
이라는 뜻을 나타냅니다.

① 봄 ② 춘
(부수 日, 총 9획)

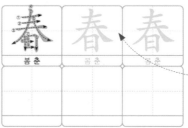

봄 춘　봄 춘　봄 춘

→ 흐린 색의 글씨를 따라 써보세요.

생활 속 한자

■ 할머니께서 立春(입춘)은 봄이 시작되는 것이라고 말씀하셨습니다.
■ 아버지께서는 아직도 마음은 靑春(청춘)이라고 하십니다.

16

이야기 속 한자!

승빈이와 토팡이의 재미있는 이야기를 읽으며 이야기 속에 숨이 있는 한자들을 그림에서 찾아 보아요~

한자 예고편!

과에서 배울 한자들을 미리 한눈에 보며 익힐 수 있어요.

리듬 속 한자!

앞에서 학습한 한자들을 리듬에 맞춰 정리 복습하면 기억에 쏘~~옥!! 절대 잊어버리지 않아요!

* 챈트 음원 및 동영상은 페이지 상단의 QR코드를 스캔하거나 시소스터디 홈페이지(www.sisostudy.com)에서 이용하실 수 있습니다.

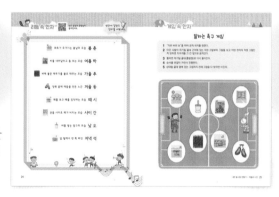

게임 속 한자!

여러 가지 활동들을 통해 배운 한자들을 확인해 보아요~

문제 속 한자!

다양한 문제 유형들로 배운 한자들을 점검해 보아요~

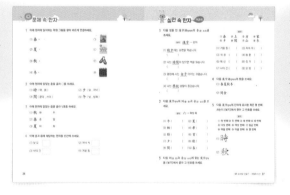

실전 속 한자!
어문회 편!

앞에서 배운 한자들을 실제 시험 문제 유형으로 풀어보며 실전 대비까지 척척!!

알고 보면 한자어!

진흥회 7급 교과서 한자어를 알기 쉽게 설명해 줘요. 한자 수수께끼로 한자 학습의 능률을 높일 수 있는 휴식 코너!

실전 속 한자!
진흥회 편!

앞에서 배운 진흥회 한자, 교과서 한자어로 진흥회 시험도 완벽 대비!

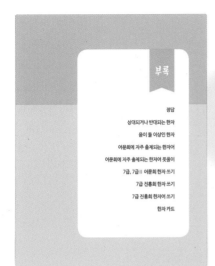

다양한 부록!

7급 시험을 준비할 때 필요한 자료들만 쏙쏙 뽑았어요. 상대·반대 한자, 자주 출제되는 한자어 등 다양한 부록을 통해 시험 준비를 완벽하게 할 수 있어요.

또박또박 한자 쓰기!

한자는 많이 써 볼수록 외우기 쉬운 법!! 어문회 배정 한자와 진흥회 선정 한자, 진흥회 교과서 한자어까지 충분히 써 볼 수 있어요!

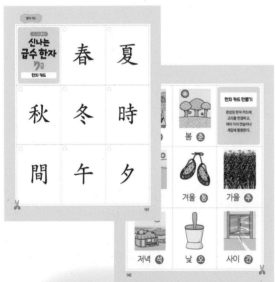

한자 카드!

언제 어디서나 활용할 수 있는 한자 카드! 여러 가지 연습이나 게임에 활용할 수 있어요.

모의시험!

실제 시험 출제 유형과 동일한 형태의 모의시험 3회(어문회 7급Ⅱ·7급, 진흥회 7급)로 실전 감각을 제대로 익힐 수 있어요.

 목차

한자를 만드는 여섯 가지 방법- 육서(六書)

육서(六書)는 일반적으로 한자를 만드는 여섯 가지 방법이자 원칙입니다.

한자의 생성 원리를 설명하는 방법으로 한자의 모양(形), 소리(音), 뜻(意) 이렇게 세가지 요소를 가지고 한자의 6가지 정의를 설명하는 것입니다.
육서의 6가지는 상형(象形), 지사(指事), 회의(會意), 형성(形聲)과 기존 한자를 사용하여 문자의 원리를 해설한 전주(轉注), 가차(假借)를 말합니다.

1. 상형(象形 - 그림글자)

한자를 만드는 가장 기본적인 것으로 구체적인 사물의 모양을 본뜬 글자
산과 물의 모양을 보고 만든 山(산 산), 水(물 수)와 같은 글자들이 상형에 속하며,
그림처럼 복잡하게 쓰이다가 차츰 단순한 모양을 갖게 되었답니다.

> 예 日(날 일), 月(달 월), 水(물 수), 木(나무 목), 生(날 생)

2. 지사(指事 - 약속글자)

구체적인 모양을 나타낼 수 없는 사상이나 개념을 선이나 점으로 나타내어 만든 글자
'위, 아래, 가운데, 끝, 숫자'와 같이 모양이 없어 글자로 나타내기가 어려운 글자들이
지사에 해당됩니다.

> 예 二(두 이), 三(석 삼), 十(열 십), 八(여덟 팔), 本(근본 본),

3. 회의(會意 - 뜻 모음 글자)

2개 이상의 글자가 뜻과 뜻으로 결합하여 새롭게 만든 글자
예를 들면 "人(사람 인)＋木(나무 목)＝休(쉴 휴)" 이렇게 뜻과 뜻이 결합한 것입니다.

> 예 明(밝을 명), 男(사내 남), 家(집 가), 林(수풀 림), 國(나라 국)

►◐ 4. 형성(形聲 - 합체글자)

모양과 소리가 결합한 것으로, 뜻을 나타내는 부분과 음을 나타내는 부분을 결합하여 만든 새로운 글자

이미 있는 글자로 뜻과 소리를 같이 붙여 글자를 만드는 것이 매우 쉬웠기 때문에 형성문자에 해당하는 한자가 70%이상으로 다수를 차지하고 있답니다.

예를 들면 "人(사람 인) + 主(주인 주) = 住(살 주)" 이렇게 뜻과 소리가 결합한 것입니다.

예 校(학교 교), 祖(할아버지 조), 花(꽃 화), 草(풀 초), 空(빌 공)

►◐ 5. 전주(轉注 - 확대글자)

예
| 본뜻: 老 늙을 로 (老人 노인) | 본뜻: 惡 악할 악 (惡行 악행) |
| 새로운 뜻: 老 익숙할 노 (老鍊 노련) | 새로운 뜻: 惡 미워할 오 (憎惡 증오) |

►◐ 6. 가차(假借 - 빌린 글자)

의성어, 의태어, 외래어 등을 표기하려고 글자 본래의 의미와 상관없이 소리를 빌려서 나타낸 글자

예 스페인(Spain) = 西班牙(서반아)
   유럽(Europe) = 歐羅巴(구라파)

승빈이는 과학 시간을 좋아해요. 과학 시간에는 신기하고 재미난 것을 만드는데, 이번 시간에는 선생님께서 솜사탕을 만든다고 하셨어요. 승빈이는 생각만 해도 신이 났어요. 승빈이 학교 앞에는 춘(春)하(夏)추(秋)동(冬) 사계절 내내 솜사탕을 파는 가게가 있는데, 솜사탕의 모양들은 동물 모양에서 자동차 모양까지 정말 다양해요. 승빈이는 토팡이에게 토팡이와 닮은 솜사탕을 만들어 주겠다고 약속을 했어요.

드디어 과학 수업 시간! 선생님께서 나누어 주신 동그란 기계 속 가운데에 설탕을 넣으니 실들이 나와요. 그 실들이 방금 넣은 설탕으로 만들어진 것이라고 하니 승빈이와 토팡이는 신기했어요.

선생님께서 나무젓가락을 돌리니 솜사탕이 눈덩이처럼 점점 커졌어요. 추석(夕) 때 볼 수 있는 보름달만한 솜사탕이 완성되었어요. 학생들은 각양각색으로 솜사탕을 만들었고, 드디어 승빈이 차례가 되었어요. 승빈이는 토끼 모양의 솜사탕을 만드느라 시(時)간(間)이 오래 걸렸어요. 즐겁게 솜사탕을 만들고 나니 오(午)전이 훌쩍 지나갔어요. 점심 시간에 승빈이가 만든 토끼 솜사탕을 토팡이에게 주자 기뻐하는 토팡이의 모습을 보니 승빈이는 뿌듯했어요.

 한자 예고편 그림 속에 숨어있는 한자들을 찾아보세요.

春 봄 (춘)	夏 여름 (하)	秋 가을 (추)	冬 겨울 (동)
時 때 (시)	間 사이 (간)	午 낮 (오)	夕 저녁 (석)

봄 춘

뜻은 봄이고, 춘이라고 읽어요.

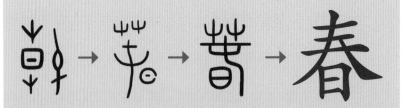

햇볕(日 날 일)을 받아 초목의 싹(艸 풀 초)이 무성하게 자라나고, 화초가 우거지는 봄날의 모습으로, '봄'이라는 뜻을 나타냅니다.

훈 봄 음 춘
(부수 日, 총 9획)

春	春	春
봄 춘	봄 춘	봄 춘

→ 흐린 색의 글씨를 따라 써보세요.

생활 속 한자

- 할머니께서 立春(입춘)은 봄이 시작되는 것이라고 말씀하셨습니다.
- 아버지께서는 아직도 마음은 靑春(청춘)이라고 하십니다.

여름 하

뜻은 **여름**이고, **하**라고 읽어요.

무당이 여름에 제사장에서 비를 내려달라고 춤을 추는 모습으로, '여름'이라는 뜻을 나타냅니다.

어

夏

훈 **여름** 음 **하**
(부수 夂, 총 10획)

여름 하 | 여름 하 | 여름 하

생활 속 한자

- 24절기에서 여름의 시작을 立夏(입하)라고 합니다.
- 春夏(춘하)에는 다양한 축제들이 많이 열립니다.

가을 추

뜻은 **가을**이고, 추라고 읽어요.

秋 → 秋 → 秋 → 秋

가을에 활동하는 메뚜기는 농작물에 큰 피해를 주는 곤충이기 때문에 불로 메뚜기를 없애는 모습에서 '가을'이라는 뜻을 나타냅니다.

훈 **가을** 음 **추**
(부수 禾, 총 9획)

秋	秋	秋
가을 추	가을 추	가을 추

→ 흐린 색의 글씨를 따라 써보세요.

생활 속 한자

- 웃어른의 나이를 높여서 春秋(춘추)라고 합니다.
- 秋夕(추석)을 쇠러 시골 할머니 댁에 내려갔습니다.

겨울 동

뜻은 **겨울**이고, **동**이라고 읽어요.

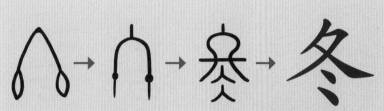

한 가닥 노끈의 양쪽 끝에 각각 매듭을 엮어 놓은 모양으로, '겨울'이라는 뜻을 나타냅니다.
본래의 한자인 終(끝날 종)에서 '끝'을 '겨울'이라는 뜻으로 쓰이게 되었습니다.

어

冬

훈 **겨울** 음 **동**
(부수 冫, 총 5획)

겨울 동	겨울 동	겨울 동

생활 속 한자

- 오늘은 겨울의 시작을 알리는 立冬(입동)입니다.
- 우리나라는 春夏秋冬(춘하추동) 사계절이 뚜렷합니다.

때 시

뜻은 때이고, 시라고 읽어요.

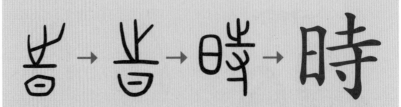

옛날 사람들이 해가 규칙적으로 움직이는 것을 보고 일정한 때를 짐작한 모습에서 '때'라는 뜻을 나타냅니다.

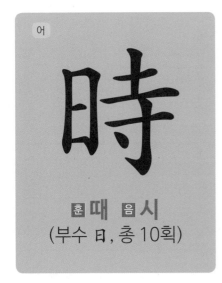

時

훈 때 음 시
(부수 日, 총 10획)

時	時	時
때 시	때 시	때 시

→ 흐린 색의 글씨를 따라 써보세요.

생활 속 한자

- 신학기가 되려면 아직도 한 달 이상의 時日 (시일)이 남았습니다.
- 이 영화는 세계 전역에서 同時 (동시)에 개봉됩니다.

사이 간

뜻은 **사이**이고, **간**이라고 읽어요.

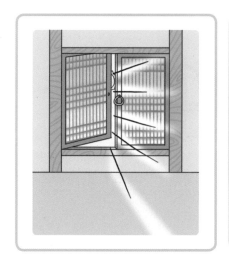

間 → 閒 → 間

문틈 사이로 하늘에 떠 있는 햇볕이 비치는 모습으로,
'사이'라는 뜻을 나타냅니다.

어

間

훈 **사이** 음 **간**
(부수 門, 총 12획)

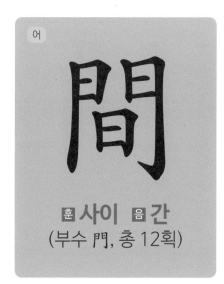

사이 간	사이 간	사이 간

생활 속 한자

- 집에서 학교까지는 한 時間(시간)이 걸립니다.
- 겨울철 間食(간식)으로 맛있는 군고구마와 군밤이 최고입니다.

낮 오

뜻은 낮이고, 오라고 읽어요.

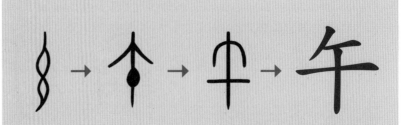

벼를 찧는 데 쓰는 절구 모습에서 나온 글자이며, '낮' 이라는 뜻을 나타냅니다.

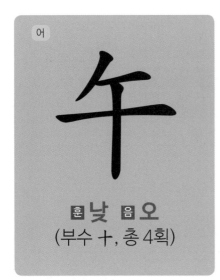

훈 낮 음 오
(부수 十, 총 4획)

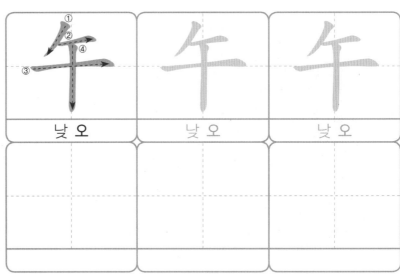

→ 흐린 색의 글씨를 따라 써보세요.

생활 속 한자

■ 방학 동안 午前(오전)에는 공부를 하고, 午後(오후)에는 운동을 했습니다.

■ 낮 12시는 正午(정오)라고 합니다.

저녁 석

뜻은 **저녁**이고, **석**이라고 읽어요.

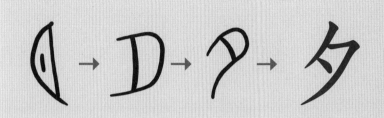

달을 나타내는 '月(달 월)'에서 가운데 한 획이 빠진 모양을 달이 희미하게 보이는 저녁 모습에 비유해서 '저녁'이라는 뜻을 나타냅니다.

어

夕

훈 **저녁** 음 **석**
(부수 夕, 총 3획)

저녁 **석**	저녁 석	저녁 석

생활 속 한자

■ 칠월 七夕(칠석)은 견우와 직녀가 만나는 날입니다.
■ 夕食(석식)으로 비빔밥이 제공됩니다.

리듬 속 한자

챈트 음원과 동영상이 들어있어요.

빈칸에 알맞은 한자를 써보세요.

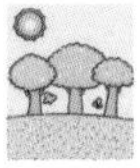

화초가 우거지는 봄날의 모습 **봄 춘**

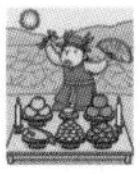

비를 내려달라고 춤 추는 모습 **여름 하**

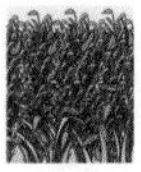

벼에 붙은 메뚜기를 불로 태우는 모습 **가을 추**

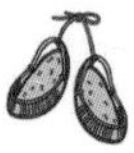

양쪽 끝에 매듭을 만든 노끈 **겨울 동**

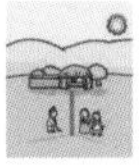

해를 보고 때를 짐작하는 모습 **때 시**

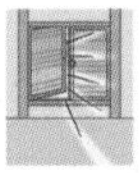

문틈 사이로 해가 비치는 모습 **사이 간**

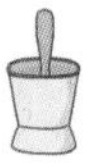

벼를 찧는 절구의 모습 **낮 오**

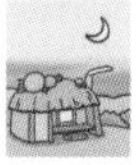

달 월에서 한 획 빠진 **저녁 석**

말하는 축구 게임

1 "가위 바위 보"를 하여 공격 위치를 정한다.

2 이긴 사람이 자기팀 골대 근처에 있는 자원 그림부터 그림을 보고 어떤 한자의 자원 그림인지 맞히면 지우개를 그 칸 앞으로 움직인다.

3 틀리면 자기팀 골대(출발점)로 다시 돌아간다.

4 순서를 번갈아 가면서 진행한다.

5 상대팀 골대 옆에 있는 그림까지 전체 그림을 다 맞히면 이긴다.

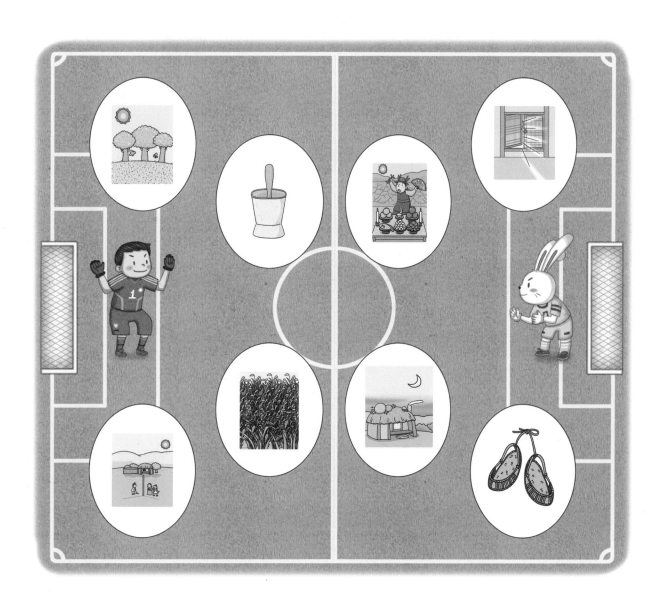

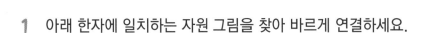

1 아래 한자에 일치하는 자원 그림을 찾아 바르게 연결하세요.

(1) 春 ·   ㉠

(2) 夏 ·   ㉡

(3) 秋 ·   ㉢

(4) 冬 ·   ㉣

2 아래 한자에 알맞는 훈을 골라 ○를 하세요.

(1) 時 (때 , 봄)   (2) 夕 (달 , 저녁)

(3) 間 (묻다 , 사이)   (4) 午 (낮 , 방패)

3 아래 한자에 알맞는 음을 골라 V표를 하세요.

(1) 秋 화 ☐   추 ☐

(2) 春 춘 ☐   일 ☐

(3) 夏 하 ☐   화 ☐

4 아래 훈과 음에 해당하는 한자를 빈칸에 쓰세요.

(1) 낮 오 ☐   (2) 저녁 석 ☐

(3) 사이 간 ☐   (4) 겨울 동 ☐

실전 속 한자 어문회

1 다음 밑줄 친 漢字語한자어의 音(음: 소리)을 쓰세요.

> 보기 漢字 → 한자

(1) 秋夕에는 송편을 먹습니다.
( )

(2) 나는 時間이 있으면 책을 읽습니다.
( )

(3) 옆집에 사는 女子 아이는 귀엽습니다.
( )

(4) 나는 學校 생활이 즐겁습니다.
( )

2 다음 漢字한자의 訓(훈: 뜻)과 音(음: 소리)을 쓰세요.

> 보기 六 → 여섯 육

(1) 午 ( )　　(2) 夏 ( )

(3) 祖 ( )　　(4) 孝 ( )

(5) 時 ( )　　(6) 育 ( )

(7) 夕 ( )　　(8) 秋 ( )

(9) 間 ( )　　(10) 長 ( )

3 다음 訓(훈: 뜻)과 音(음: 소리)에 맞는 漢字한자를 〈보기〉에서 골라 그 번호를 쓰세요.

> 보기
> ① 春　② 上　③ 方　④ 家
> ⑤ 夕　⑥ 間　⑦ 山　⑧ 冬

(1) 겨울 동 ( )　　(2) 저녁 석 ( )

(3) 위 상 ( )　　(4) 봄 춘 ( )

(5) 메 산 ( )　　(6) 집 가 ( )

(7) 사이 간 ( )　　(8) 모 방 ( )

4 다음 漢字語한자어의 뜻을 쓰세요.
(1) 春夏秋冬 :

(2) 間食 :

5 다음 漢字한자의 진하게 표시된 획은 몇 번째 쓰는지 〈보기〉에서 찾아 그 번호를 쓰세요.

> 보기
> ① 첫 번째　② 두 번째　③ 세 번째　④ 네 번째
> ⑤ 다섯 번째　⑥ 여섯 번째　⑦ 일곱 번째
> ⑧ 여덟 번째　⑨ 아홉 번째　⑩ 열 번째

(1) 時 [ ]

(2) 秋 [ ]

승빈이는 토팡이와 함께 집에 오는 길에 무거운 짐을 들고 계시는 할머니를 봤어요. 승빈이와 토팡이는 할머니를 도와 무거운 짐을 들어드리고 간식으로 먹으려고 남겨 놓았던 당근주스도 할머니께 드렸어요. 할머니께서는 고맙다고 하시며 열쇠 하나를 주셨어요.

열쇠를 받는 순간, 갑자기 승빈이와 토팡이의 눈 앞에 노란색의 작고 귀여운 자동차가 나타났어요. 승빈이와 토팡이가 자동차에 타서 열쇠를 꽂자 자동차가 하늘로 올라갔어요.

자동차가 도착한 곳은 길이 녹색(色)의 에메랄드 빛으로 되어 있고, 길가에는 다양한 식(植)물(物)들과 예쁜 생(生)화(花), 보석(石)들로 가득했어요. 길을 따라가자 산림(林)이 우거진 숲 속에 아담한 초(草)가집 한 채가 보였어요. 초가집의 문을 두드리자 아까 집으로 돌아오는 길에서 만났던 할머니가 웃으시며 나와서 승빈이와 토팡이를 즐겁게 맞아 주셨어요.

"나는 세상의 착한 어린이들을 찾아 다니고 있단다. 오늘 너희들처럼 착한 어린이를 만나게 되어 정말 기쁘단다."

할머니께서는 승빈이와 토팡이에게 맛있는 간식도 주시고, 보석나라도 구경시켜 주셨어요.

승빈이와 토팡이는 보석나라에서 즐거운 하루를 보내고 집으로 돌아왔어요.

 한자 예고편　그림 속에 숨어있는 한자들을 찾아보세요.

植 심을 (식)	物 물건 (물)	生 날 (생)	花 꽃 (화)
草 풀 (초)	石 돌 (석)	色 빛 (색)	林 수풀 (림/임)

심을 식

뜻은 심다이고, 식이라고 읽어요.

植 → 植 → 植

나무(木 나무 목)나 식물을 곧게(直 곧을 직) 세워 심는 모습으로, '심다'라는 뜻을 나타냅니다.

훈 심을 음 식
(부수 木, 총 12획)

植	植	植
심을 식	심을 식	심을 식

→ 흐린 색의 글씨를 따라 써보세요.

생활 속 한자

■ 동생과 나는 植木日(식목일)에 나무를 심었습니다.

■ 광합성을 하지 못한 植物(식물)들이 시들시들 말라가고 있습니다.

30

물건 물

뜻은 **물건**이고, **물**이라고 읽어요.

소(牛 소 우)의 정면과 물(勿 말 물)이 칼과 핏방울 나타내어 본래의 뜻은 '칼로 소를 잡다'였으나, 지금은 '물건(만물)'이라는 뜻을 나타냅니다.

어

物

훈 **물건** 음 **물**
(부수 牛, 총 8획)

物	物	物
물건 **물**	물건 물	물건 물

생활 속 한자

■ 우리나라의 四物(사물)놀이 공연이 기립 박수를 받았습니다.

■ 곰은 겨울잠을 자는 動物(동물)입니다.

날 생

뜻은 **나다**이고, **생**이라고 읽어요.

땅에서 풀이 자라나는 새싹의 모습으로, '나다(태어나다)'라는 뜻을 나타냅니다.

진

生

훈 **날** 음 **생**
(부수 生, 총 5획)

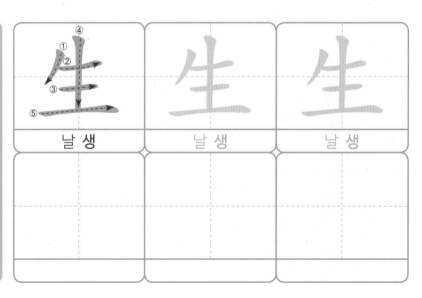

날 생	날 생	날 생

→ 흐린 색의 글씨를 따라 써보세요.

생활 속 한자

- 집에서 공부할 때, 엄마는 先生(선생)님, 나는 學生(학생)입니다.
- 세종대왕은 民生(민생)을 걱정하여 밤새도록 잠을 이루지 못했습니다.

꽃 화

뜻은 **꽃**이고, **화**라고 읽어요.

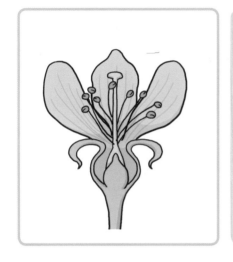

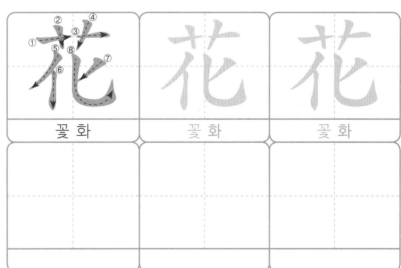

꽃잎과 꽃받침과 줄기를 나타낸 한 송이 꽃의 모습으로, '꽃'이라는 뜻을 나타냅니다.

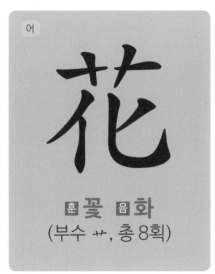

꽃 화

꽃 화

꽃 화

생활 속 한자

■ 木花(목화)에서 씨를 빼낸 솜으로 이불을 만듭니다.
■ 우리 학교의 校花(교화)는 연꽃입니다.

풀 초

뜻은 **풀**이고, **초**라고 읽어요.

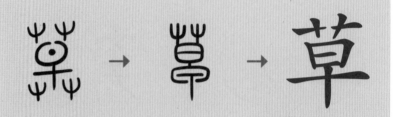

아침 햇살이 비치는 풀밭의 모습으로, '풀'이라는 뜻을 나타냅니다.

어

草

훈 **풀** 음 **초**
(부수 艹, 총 10획)

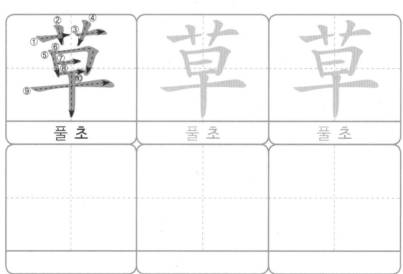

풀 초 　　 풀 초 　　 풀 초

→ 흐린 색의 글씨를 따라 써보세요.

생활 속 한자

■ 어머니는 꽃밭의 花草(화초)를 정성스럽게 가꾸십니다.
■ 草家(초가) 지붕 위로 박이 탐스럽게 열렸습니다.

돌 석

뜻은 **돌**이고, **석**이라고 읽어요.

石 → 石 → 石 → 石

산의 벼랑 아래 돌덩이가 놓여 있는 모습으로, '돌'이라는 뜻을 나타냅니다.

진

石

훈 **돌** 음 **석**
(부수 石, 총 5획)

돌 석

생활 속 한자

- 아버지께서 앞 마당을 나무들과 水石(수석)으로 멋있게 꾸미셨습니다.
- 石手(석수)들은 능란한 솜씨로 돌 다듬기에 여념이 없습니다.

빛 색

● 뜻은 빛이고, 색이라고 읽어요.

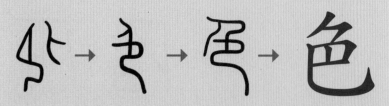

무릎을 꿇고 앉은 사람이 서 있는 권력자의 얼굴빛을 살피고 있는 모습에서, '빛'이라는 뜻을 나타냅니다.

어

色

훈 빛 음 색
(부수 色, 총 6획)

→ 흐린 색의 글씨를 따라 써보세요.

생활 속 한자

- 수영이는 도와주지도 않고 生色(생색)만 냅니다.
- 산에는 春色(춘색)이 뚜렷해졌습니다.

수풀 림(임)
뜻은 **수풀**이고, **림(임)**이라고 읽어요.

林林 → 林林 → 林 → 林

두 그루의 나무가 나란히 서 있는 모습을 나타낸 글자로, 나무가 많은 수풀의 모습에서 '수풀'이라는 뜻을 나타냅니다.

어

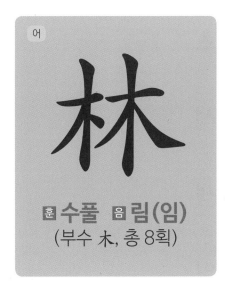

훈 **수풀** 음 **림(임)**
(부수 木, 총 8획)

수풀 림(임)	수풀 림(임)	수풀 림(임)

생활 속 한자

- 山林(산림)을 보호하기 위하여 등산객들의 등산을 제한합니다.
- 사방이 꽃으로 가득한 花林(화림)으로 들어가니 나비가 된 것 같습니다.

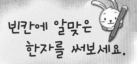
곧게 나무를 심는 모습 **심을 식**

소를 잡은 칼과 핏방울 **물건 물**

땅에서 자라나는 새싹 **날 생**

한 송이의 꽃 **꽃 화**

햇빛 비치는 풀밭 **풀 초**

산 벼랑 아래 돌덩이 **돌 석**

얼굴빛 살피는 모습 **빛 색**

나무 두 그루 **수풀 림, 수풀 임**

미로 게임

1 시작에서 출발하여 길을 찾아간다.

2 길을 가다가 "한자, 훈, 음"이 나오면 그에 맞는 한자나 훈, 음을 찾아 따라가며 미로를 통과한다.

3 가장 빨리 길을 찾아 보석나라에 도착하는 사람이 승리한다.

1 아래 한자에 일치하는 자원 그림을 찾아 바르게 연결하세요.

(1) 生 ·

(2) 石 ·

(3) 色 ·

(4) 林 ·

ㄱ

ㄴ

ㄷ

ㄹ

2 아래 한자에 알맞는 훈을 골라 ○를 하세요.

(1) 物 (소 , 물건)　　　　(2) 草 (풀 , 해)

(3) 花 (빛 , 꽃)　　　　(4) 植 (심다 , 곧다)

3 아래 한자에 알맞는 음을 골라 V표를 하세요.

(1) 生　색 □　생 □

(2) 林　림 □　목 □

(3) 石　구 □　석 □

4 아래 훈과 음에 해당하는 한자를 빈칸에 쓰세요.

(1) 빛 색 □　　　　(2) 꽃 화 □

(3) 풀 초 □　　　　(4) 심을 식 □

1 다음 밑줄 친 漢字語한자어의 音(음: 소리)을 쓰세요.

> 보기 漢字 → 한자

(1) 이 植物은 이른 봄에 싹이 틉니다.
( )

(2) 나는 每日 아침밥을 먹습니다.
( )

(3) 이 꽃은 生花라서 향기가 그윽합니다.
( )

(4) 그는 세계적으로 有明한 학자입니다.
( )

2 다음 漢字한자의 訓(훈: 뜻)과 音(음: 소리)을 쓰세요.

> 보기 八 → 여덟 팔

(1) 室 ( ) (2) 草 ( )

(3) 林 ( ) (4) 重 ( )

(5) 植 ( ) (6) 休 ( )

(7) 夫 ( ) (8) 南 ( )

(9) 年 ( ) (10) 色 ( )

3 다음 訓(훈: 뜻)과 音(음: 소리)에 맞는 漢字한자를 <보기>에서 골라 그 번호를 쓰세요.

> 보기
> ① 物 ② 林 ③ 花 ④ 正
> ⑤ 力 ⑥ 草 ⑦ 父 ⑧ 直

(1) 바를 정 ( ) (2) 꽃 화 ( )

(3) 힘 력 ( ) (4) 풀 초 ( )

(5) 수풀 림 ( ) (6) 아비 부 ( )

(7) 물건 물 ( ) (8) 곧을 직 ( )

4 다음 漢字語한자어의 뜻을 쓰세요.
(1) 花草 :

(2) 育林 :

5 다음 漢字한자의 진하게 표시된 획은 몇 번째 쓰는지 <보기>에서 찾아 그 번호를 쓰세요.

> 보기
> ① 첫 번째 ② 두 번째 ③ 세 번째
> ④ 네 번째 ⑤ 다섯 번째 ⑥ 여섯 번째
> ⑦ 일곱 번째 ⑧ 여덟 번째

(1)  色 [ ]

(2) 花 [ ]

승빈이는 텔레비전을 보다가 중국의 하얼빈이라는 곳에서 '얼음축제'가 열린다는 것을 알게 되었어요. 얼음축제에는 유명한 건축물들이 모두 얼음으로 조각이 되어 있고, 오색찬란한 불빛으로 빛나고 있었어요.

"세(世)상천(天)지(地)에 이런 곳이 있다니! 정말 예술이다!"

승빈이는 얼음축제 장면이 머리 속에서 지워지지 않아 토팡이에게 중국 하얼빈의 얼음축제에 대해 말해 주었어요. 승빈이의 이야기를 들은 토팡이는 자(自)연(然)스레 붕붕우산을 돌리며 "해(海)외로 고고!"라고 외쳤어요.

눈 깜짝할 사이에 하얼빈에 도착한 승빈이와 토팡이는 하얼빈에 도착해서 엄청 차가운 공(空)기(氣)에 한번 놀라고, 오색찬란한 광경에 다시 한번 놀랐어요. 사진을 찍고 싶었지만 휴대전(電)화도 얼어서 작동하지를 않았어요. 추워서 콧물이 흘러 내렸지만 콧물도 금새 얼어버렸어요. 강(江)도 하천(川)도 모두 얼어서 사방이 온통 얼음 밖에 안 보였어요. 더 재미있는 것은 아이스크림을 냉장고에 넣지 않아도 녹지 않는다는 거예요. 승빈이와 토팡이는 얼음축제도 구경하고, 얼음 미끄럼틀도 타고 놀았어요. 얼마나 지났을까? 점점 너무 추워서 몸이 얼음처럼 얼어 버릴 것 같았어요. 승빈이와 토팡이는 꽁꽁 얼어붙기 전에 서둘러 집으로 돌아왔어요.

한자 예고편

그림 속에 숨어있는 한자들을 찾아보세요.

世 인간/대 (세)	自 스스로 (자)	然 그럴 (연)	天 하늘 (천)
地 땅 (지)	空 빌 (공)	氣 기운 (기)	海 바다 (해)
江 강 (강)	川 내 (천)	電 번개 (전)	

인간/대 세 뜻은 인간, 대이고, 세라고 읽어요.

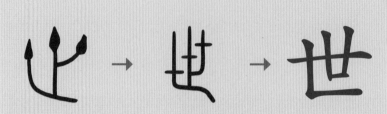

한 세대를 대략 30년으로 나타내어 세 개의 십(十 열 십)을 서로 연결하여 30년을 표시한 모습으로, '인간, 세대'라는 뜻을 나타냅니다.

어

世

훈 **인간/대** 음 **세**
(부수 一, 총 5획)

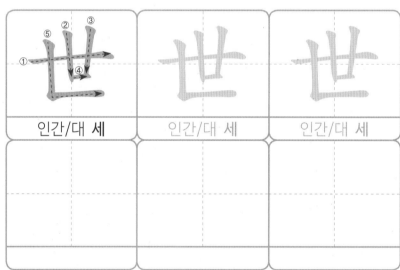

인간/대 세	인간/대 세	인간/대 세

→ 흐린 색의 글씨를 따라 써보세요.

생활 속 한자

- 世上(세상)에는 놀랍고도 신기한 일들이 참 많습니다.
- 世間(세간)에 떠도는 소문은 믿을 것이 못됩니다.

스스로 자 ◦뜻은 스스로이고, 자라고 읽어요.

코의 모양을 본뜬 글자로, 자기 자신을 가리킬 때 손
가락으로 코를 가리키는 모습에서 '스스로'라는 뜻을
나타냅니다.

어 진

自

훈 **스스로** 음 **자**
(부수 自, 총 6획)

自	自	自
스스로 자	스스로 자	스스로 자

생활 속 한자

- 이 건물에는 사람이 들어오면 自動(자동)으로 감시 카메라가 작동됩니다.
- 범인이 마침내 범행을 自白(자백)하였습니다.

그럴 연

뜻은 **그러하다**이고, **연**이라고 읽어요.

'불(火 불 화)', '개(犬 개 견)', '육(肉 고기 육)'으로 이루어진 글자인데, 개고기를 불에 구워 먹는 모습에서 '그러하다'라는 뜻을 나타냅니다.

어

훈 **그럴** 음 **연**
(부수 灬, 총 12획)

然	然	然
그럴 연	그럴 연	그럴 연

↳ 흐린 색의 글씨를 따라 써보세요.

생활 속 한자

- 우리는 自然(자연)을 보호해야 합니다.
- 어머니께서 숙제를 한 然後(연후)에 놀라고 하셨습니다.

하늘 천

뜻은 하늘이고, 천이라고 읽어요.

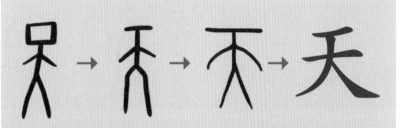

정면을 향해 서 있는 사람의 머리 위에 있는 하늘 모습에서 '하늘'이라는 뜻을 나타냅니다.

어 진

天

훈 하늘 음 천
(부수 大, 총 4획)

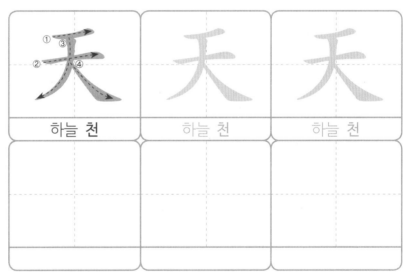

하늘 천 · 하늘 천 · 하늘 천

생활 속 한자

- 단양 고수동굴은 天然(천연) 석회암 동굴이라고 합니다.
- 靑天(청천)에서 갑자기 소나기가 내렸습니다.

땅 지

뜻은 땅이고, 지라고 읽어요.

土也 → 土也 → 地

흙 위에 큰 뱀이 몸을 따리처럼 동그랗게 감고 있는
모습으로, '땅'이라는 뜻을 나타냅니다.

地

훈 **땅** 음 **지**
(부수 土, 총 6획)

땅지	땅지	땅지

→ 흐린 색의 글씨를 따라 써보세요.

생활 속 한자

- 농민들은 土地(토지)에 애착을 갖고 있습니다.
- 어제 아버지는 地方(지방)으로 출장을 가셨습니다.

빌 공

뜻은 비다이고, 공이라고 읽어요.

도구(工 장인 공)로 구덩이(穴 구멍 혈)를 만들어 파내니 빈 공간이 생겨난 모습에서 '비다'라는 뜻을 나타냅니다.

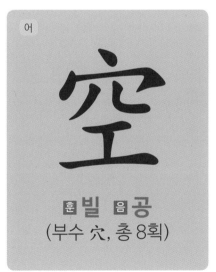

훈 **빌** 음 **공**
(부수 穴, 총 8획)

빌 공	빌 공	빌 공

생활 속 한자

- 승빈이의 삼촌은 空軍(공군)입니다.
- 줄넘기는 좁은 空間(공간)에서도 할 수 있는 운동입니다.

기운 기

뜻은 기운이고, 기라고 읽어요.

三 → 气 → 氣 → 氣

하늘에 펼쳐진 새털구름(气 기운기엄) 모습과 밥(米 쌀미) 지을 때 나는 증기 모습이 더해져 '기운'이라는 뜻을 나타냅니다.

어

氣

훈 기운 음 기
(부수 气, 총 10획)

氣
기운 기

氣
기운 기

氣
기운 기

→ 흐린 색의 글씨를 따라 써보세요.

생활 속 한자

■ 오늘은 日氣(일기)가 좋지 않습니다.
■ 비가 오고 난 후 空氣(공기)가 깨끗해졌습니다.

바다 해

뜻은 **바다**이고, **해**라고 읽어요.

지구 표면에 짠 물이 가득 괴어 있는 넓은 부분의 모습으로, '바다'라는 뜻을 나타냅니다.

훈 **바다** 음 **해**
(부수 氵, 총 10획)

바다 해	바다 해	바다 해

생활 속 한자

- 설악산의 등산로는 늘 人山人海(인산인해)를 이룹니다.
- 한려수도 국립공원은 아름답기로 유명한 海上(해상)공원입니다.

강 강

뜻은 강이고, 강이라고 읽어요.

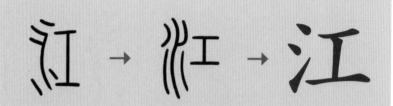

중국 장강(長江)의 물 흐르는 소리가 '공공'처럼 들리는 것이 전해져 '강'이라는 뜻을 나타냅니다.

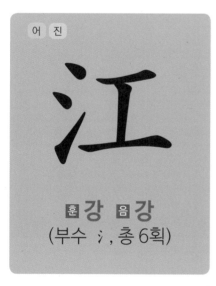

어 진

江

훈 강 음 강
(부수 氵, 총 6획)

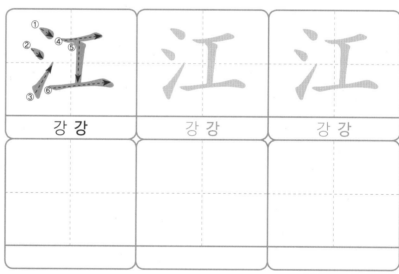

강 강	강 강	강 강

↳ 흐린 색의 글씨를 따라 써보세요.

생활 속 한자

- 어른들은 십 년에 한 번씩 江山(강산)이 변한다고 합니다.
- 봄이 되면 江南(강남) 갔던 제비가 돌아옵니다.

내 천

뜻은 **내**이고, **천**이라고 읽어요.

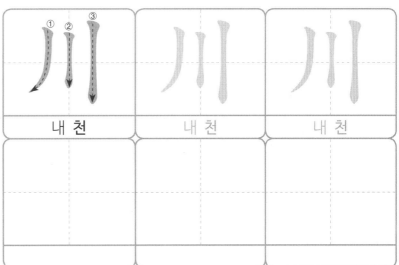

냇물이 흘러가는 모습에서 '내'라는 뜻을 나타냅니다.

훈 **내** 음 **천**
(부수 川, 총 3획)

내 천	내 천	내 천

생활 속 한자

- 우리의 山川(산천)은 어디를 가도 아름답습니다.
- 우리는 春川(춘천)을 지나서 설악산으로 갑니다.

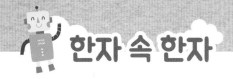
번개 전

뜻은 **번개**이고, **전**이라고 읽어요.

하늘에서 작은 빗방울(雨 비 우)들이 내리는 모습과 비가 내릴 때 구름 사이로 번개(申 펼 신)치는 모습으로, '번개'라는 뜻을 나타냅니다.

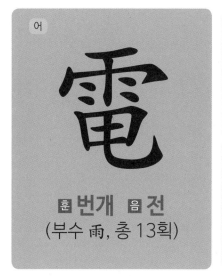

어

電

훈 **번개** 음 **전**
(부수 雨, 총 13획)

電	電	電
번개 전	번개 전	번개 전

→ 흐린 색의 글씨를 따라 써보세요.

생활 속 한자

- 여름이 되자 電力(전력) 소비량이 크게 증가하였습니다.
- 추운 겨울에 電氣(전기)담요 속으로 들어가니 따뜻했습니다.

리듬 속 한자

빈칸에 알맞은
한자를 써보세요.

 열 십 세 개 **인간 세, 대 세**

 자신의 코를 가리키는 모습 **스스로 자**

 개고기를 불에 구워 먹는 모습 **그럴 연**

 사람 머리 위에 있는 하늘 **하늘 천**

 땅 위에 똬리 튼 뱀 **땅 지**

 도구로 파서 생긴 빈 공간 **빌 공**

 새털구름과 밥 짓는 증기 모습 **기운 기**

 지구 표면의 고인 짠 물 **바다 해**

 장강의 흐르는 물 소리 **강 강**

 냇물이 흘러가는 모습 **내 천**

 비 올 때 번개 치는 모습 **번개 전**

한자어 퍼즐

1 아래 한자의 번호와 같은 번호의 빈칸에 해당 한자의 음을 쓴다.

2 빈칸에 채운 한자의 음은 연이어 있는 두 칸이 하나의 단어를 이루어야 한다.

3 가장 먼저 빈칸을 맞게 채우는 팀(개인)이 승리한다.

※ 빈칸을 채워 만들어진 단어(한자어)의 뜻도 말해 본다.

| ① 世 | ② 上 | ③ 自 | ④ 金 | ⑤ 江 | ⑥ 天 |
| ⑦ 然 | ⑧ 地 | ⑨ 空 | ⑩ 海 | ⑪ 電 | ⑫ 氣 |

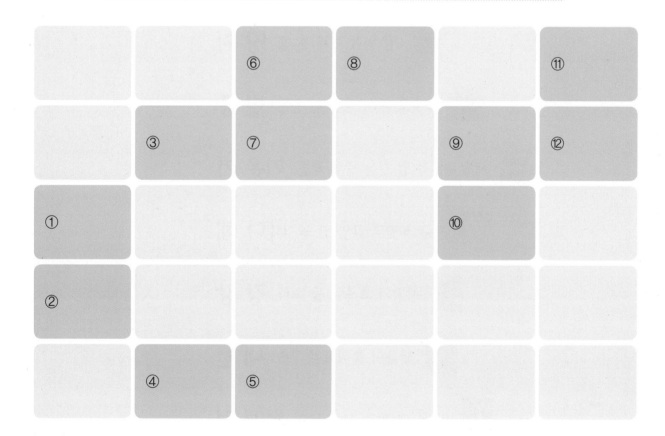

1 아래 한자에 일치하는 자원 그림을 찾아 바르게 연결하세요.

(1) 白 ·

(2) 地 ·

(3) 江 ·

(4) 然 ·

㉠

㉡

㉢

㉣

2 아래 한자에 알맞는 훈을 골라 ○를 하세요.

(1) 世 (인간 , 때)   (2) 氣 (농사 , 기운)

(3) 海 (강 , 바다)   (4) 電 (말씀 , 번개)

3 아래 한자에 알맞은 음을 골라 V표를 하세요.

(1) 然 화 [   ]   연 [   ]

(2) 地 토 [   ]   지 [   ]

(3) 世 세 [   ]   대 [   ]

4 아래 훈과 음에 해당하는 한자를 빈칸에 쓰세요.

(1) 내 천 [   ]   (2) 하늘 천 [   ]

(3) 빌 공 [   ]   (4) 스스로 자 [   ]

1 다음 밑줄 친 漢字語한자어의 音(음: 소리)을 쓰세요.

> 보기 漢字 → 한자

(1) 새의 다리를 치료하여 <u>自然</u>의 품으로 돌려보냈습니다. (   )

(2) 나는 아빠의 마라톤 골인 <u>場面</u>을 사진으로 찍었습니다. (   )

(3) 터널 속으로 들어가자 사방 <u>天地</u>가 다 어둠이었습니다. (   )

(4) 호랑이는 밤이 되면 <u>活動</u>을 시작합니다. (   )

2 다음 漢字한자의 訓(훈: 뜻)과 音(음: 소리)을 쓰세요.

> 보기 九 → 아홉 구

(1) 海 (   ) (2) 江 (   )

(3) 川 (   ) (4) 然 (   )

(5) 天 (   ) (6) 空 (   )

(7) 手 (   ) (8) 國 (   )

(9) 電 (   ) (10) 自 (   )

3 다음 訓(훈: 뜻)과 音(음: 소리)에 맞는 漢字한자를 〈보기〉에서 골라 그 번호를 쓰세요.

> 보기
> ① 登   ② 電   ③ 食   ④ 氣
> ⑤ 地   ⑥ 立   ⑦ 世   ⑧ 話

(1) 인간 세 (   ) (2) 오를 등 (   )

(3) 땅 지 (   ) (4) 번개 전 (   )

(5) 기운 기 (   ) (6) 말씀 화 (   )

(7) 밥 식 (   ) (8) 설 립 (   )

4 다음 漢字한자의 相對상대 또는 反對반대가 되는 漢字한자를 〈보기〉에서 골라 그 번호를 쓰세요.

> 보기
> ① 海   ② 左   ③ 後   ④ 天

(1) 地 ↔ [   ]

(2) 山 ↔ [   ]

(3) 前 ↔ [   ]

5 다음 漢字語한자어의 뜻을 쓰세요.
(1) 天然 :

(2) 電氣 :

想 像 생각 상 　 모양 상	머릿속으로 그려서 생각함 예 미래의 내 모습을 상상(想像)해 보았습니다.
時 間 때 시 　 사이 간	어떤 시각에서 어떤 시각까지의 사이 예 숙제를 다 하려면 오랜 시간(時間)이 걸릴 것 같습니다.
時 計 때 시 　 셀 계	시간을 재거나 시각을 나타내는 기계 예 우리 집 주방의 시계(時計)는 바늘 두 개만 있어서 신기합니다.
午 前 낮 오 　 앞 전	아침부터 낮 12시까지의 시간 예 우리 학교는 오전(午前) 9시 10분에 수업을 시작합니다.
午 後 낮 오 　 뒤 후	정오부터 해가 질 때까지의 시간 예 오후(午後)에는 학원도 가야 하고, 숙제도 해야 해서 바쁩니다.
場 面 마당 장 　 낮/얼굴 면	어떤 장소에서 벌어진 광경 예 이 영화는 행복한 장면(場面)으로 끝이 납니다.

한자 수수께끼

1. 세 명이 같이 햇볕을 쪼이고 있는 계절은?

정답 春 봄 춘

三(석 삼) 人(사람 인) 아래 日(해 일)이 있음.

2. 석 삼이 서 있는 한자는?

정답 川 내 천

三(석 삼)이 방향을 바꾸어 서 있음.

승빈이는 지난번에 하얼빈 얼음축제를 다녀온 후 겨울이 무척 좋아졌어요. 이번에는 눈사람도 만들고, 눈싸움도 하고 싶어서 토팡이에게 눈이 많은 곳으로 가자고 부탁했어요.

토팡이는 승빈이를 북극으로 데리고 갔어요. 북극에서 하얀 눈을 보고 어릴 때 생각이 난 승빈이는 새 하얀 눈을 먹어봤어요. 토팡이가 깜짝 놀란 눈으로 승빈이를 쳐다봤어요. 토팡이의 놀란 표정을 보고 승빈이가 말했어요.

"내가 어렸을 때는 눈도 먹고, 고드름도 떼서 먹었는데 딸기 맛이 나는 것처럼 맛있었어."

북극은 온통 흰 눈으로 뒤덮여 차(車)도(道)가 보이지 않는 길에서 썰매를 타고 다녔어요. 너무 추워서 농(農)촌(村)과 공(工)장(場)이 있다는 것은 상상조차 할 수도 없었어요. 저쪽에 굴처럼 생긴 얼음 조각으로 만들어진 얼음 집 '이글루'가 보였어요. '이렇게 얼음으로 지어진 집이 안(安)전(全)하고 따뜻할까?' 승빈이는 북극이 눈이 많아 눈 구경할 것만 생각했지 이렇게 추울 것이라고는 생각을 못했거든요. 승빈이와 토팡이는 너무 추워서 이글루 안으로 들어가 보기로 했어요. 안으로 들어가자 주방, 거실, 침실도 있었어요. 생각보다 따뜻하긴 했지만 그래도 너무 추웠어요. 승빈이는 따뜻한 이불 속에서 먹었던 군고구마와 귤이 생각난다고 하며 토팡이에게 집으로 가자고 재촉했어요.

 한자 예고편　🎈 그림 속에 숨어있는 한자들을 찾아보세요.

車 수레 (거/차)	道 길 (도)	安 편안 (안)	全 온전할 (전)
工 장인 (공)	場 마당 (장)	農 농사 (농)	村 마을 (촌)

수레 거(차)
뜻은 수레이고, 거(차)라고 읽어요.

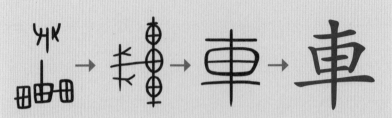

옛날에 주로 전차로 사용되었던 수레의 바퀴의 모양에서 '수레'라는 뜻을 나타냅니다.

車

훈 **수레** 음 **거(차)**
(부수 車, 총 7획)

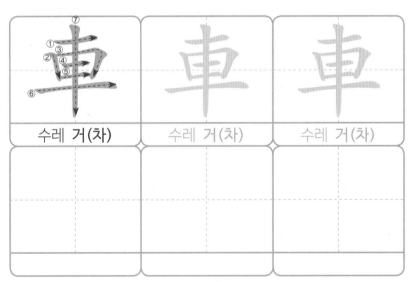

수레 거(차)	수레 거(차)	수레 거(차)

흐린 색의 글씨를 따라 써보세요.

생활 속 한자 *보통 동물이나 기계의 힘을 빌어 움직이는 것은 '차'로 읽고, 사람의 힘으로 움직이는 것은 '거'로 읽습니다.
(예) 人力車(인력거), 下車(하차)

- 아버지는 車間(차간) 거리를 적당히 유지하고 안전 운전을 하십니다.
- 車道(차도) 가까이에서 노는 것은 매우 위험합니다.

길 도

뜻은 길이고, 도라고 읽어요.

徫 → 𧗬 → 𨔶 → 道

'辶(쉬엄쉬엄갈 착)'은 길을 나타내며, '首(머리 수)'는 사람의 머리를 본뜬 글자로, 한 사람이 길을 가는 모습에서 '길'이라는 뜻을 나타냅니다.

훈 길 음 도
(부수 辶, 총 12획)

道   道   道

길 도   길 도   길 도

생활 속 한자

- 무슨 일을 하든지 正道(정도)를 행해야 합니다.
- 부모님께 孝道(효도)하는 어린이가 되고 싶습니다.

편안 안

뜻은 **편안**이고, **안**이라고 읽어요.

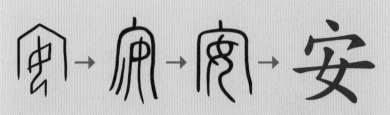

집(宀 집 면) 안에 여자(女 여자 녀)가 있는 모습을 표현한 글자로, 집안을 보살피는 여자의 모습에서 '편안'이라는 뜻을 나타냅니다.

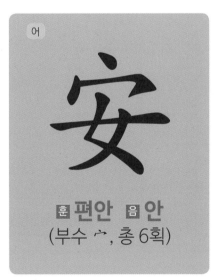

어

安

훈 **편안** 음 **안**
(부수 宀, 총 6획)

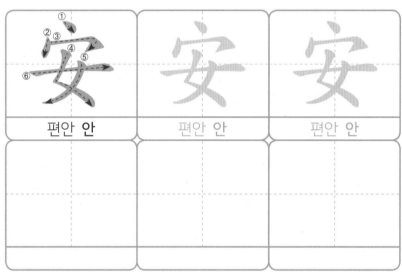

편안 **안**	편안 안	편안 안

→ 흐린 색의 글씨를 따라 써보세요.

생활 속 한자

- 할머니께서 위험한 고비를 넘겨 **安心**(안심)이 되었습니다.
- 잘못을 저지른 후, 마음이 매우 **不安**(불안)합니다.

온전할 전

뜻은 온전하다이고, 전이라고 읽어요.

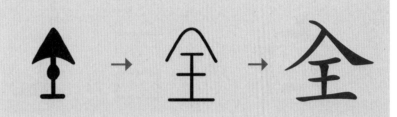

광산에서 캐낸 옥(玉 구슬 옥)을 잘 다듬어 집 안에 보관하고 있는 모습에서, '온전하다'라는 뜻을 나타냅니다.

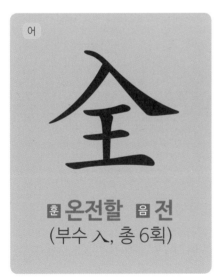

어

全

훈 온전할 음 전
(부수 入, 총 6획)

온전할 전 | 온전할 전 | 온전할 전

생활 속 한자

- 우리 가족은 목적지에 安全(안전)하게 도착하였습니다.
- 명절에는 全國(전국)의 고속도로에 차량들로 가득합니다.

장인 공

뜻은 **장인**이고, **공**이라고 읽어요.

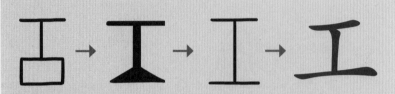

긴 손잡이 아래 망치가 달린 공구의 모양을 본뜬 글자로, 연장을 쥐고 일을 하는 사람의 모습에서 '장인'이라는 뜻을 나타냅니다.

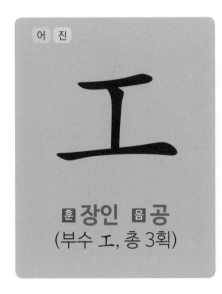

어진

工

훈 **장인** 음 **공**
(부수 工, 총 3획)

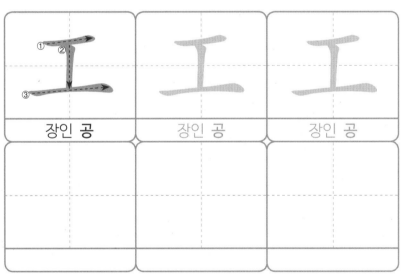

장인 **공**	장인 공	장인 공

➜ 흐린 색의 글씨를 따라 써보세요.

생활 속 한자

- 工事(공사) 중에 통행에 불편을 드려 죄송합니다.
- 그 木工(목공)이 시골 집의 기둥을 다 세웠습니다.

66

마당 장

뜻은 **마당**이고, **장**이라고 읽어요.

場 → 場 → 場

흙이 고르게 깔려 있는 농사를 짓지 않은 넓은 빈터의 모습으로, '마당'이라는 뜻을 나타냅니다.

어

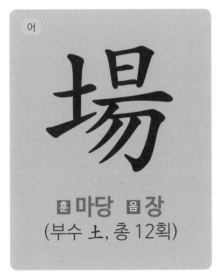

훈 **마당** 음 **장**
(부수 土, 총 12획)

場	場	場
마당 장	마당 장	마당 장

생활 속 한자

- 최근에 **工場**(공장)이 공업 단지 내로 옮겨졌습니다.
- 동생은 영화를 보다가 무서운 **場面**(장면)이 나올 때마다 눈을 감았습니다.

농사 농

뜻은 농사이고, 농이라고 읽어요.

수풀이 우거진 곳에서 조개껍데기로 만든 도구를 이용해 수풀에 달린 이삭을 거두는 농사 활동 모습에서 '농사'라는 뜻을 나타냅니다.

어

農

훈 농사 음 농
(부수 辰, 총 13획)

農　　農　　農
농사 농　　농사 농　　농사 농

→ 흐린 색의 글씨를 따라 써보세요.

생활 속 한자

■ 우리 가족은 주말 農場(농장)에서 여러 가지 야채를 기릅니다.
■ 작년에는 배추 農事(농사)가 아주 잘 되었습니다.

마을 촌

뜻은 **마을**이고, 촌이라고 읽어요.

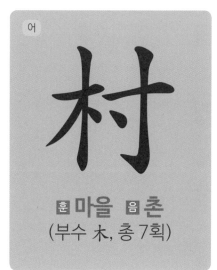

사람들이 모여 사는 고을의 모습에서 '마을'이라는 뜻을 나타냅니다.

村

훈 **마을** 음 **촌**
(부수 木, 총 7획)

村	村	村
마을 촌	마을 촌	마을 촌

생활 속 한자

- 무더위를 피하려고 江村(강촌)으로 가서 쉬기로 했습니다.
- 마을에 도착하니 村長(촌장)님이 우리를 반갑게 맞아 주셨습니다.

챈트 음원과 동영상이
들어있어요.

빈칸에 알맞은
한자를 써보세요.

수레의 바퀴 모양 **수레 거, 수레 차**

한 사람이 길을 가는 모습 **길 도**

집안을 보살피는 여자의 모습 **편안 안**

옥을 집에 보관하고 있는 모습 **온전할 전**

연장을 쥐고 일하는 사람 **장인 공**

흙이 깔린 넓은 빈터 **마당 장**

이삭을 거두는 농사 활동 **농사 농**

사람들이 모여 사는 마을 **마을 촌**

북극 여행

1 "가위 바위 보"를 하어 이긴 사람이 이긴만큼 칸으로 이동한다.
  (가위는 2칸, 바위는 3칸, 보는 5칸 이동한다.)

2 해당 칸 한자의 훈, 음을 말한다. 틀리면 원래 칸으로 되돌아간다.

3 도착점에 먼저 도착하는 사람이 이긴다.

1 아래 한자에 일치하는 자원 그림을 찾아 바르게 연결하세요.

(1) 車 ·

(2) 安 ·

(3) 工 ·

(4) 村 ·

 ㉠

 ㉡

 ㉢

 ㉣

2 아래 한자에 알맞는 훈을 골라 ○를 하세요.

(1) 道 (가다 , 길)

(2) 全 (온전하다 , 쇠)

(3) 農 (농사 , 밭)

(4) 場 (태양 , 마당)

3 아래 한자에 알맞는 음을 골라 V표를 하세요.

(1) 村 목 [　] 촌 [　]

(2) 場 장 [　] 양 [　]

(3) 農 진 [　] 농 [　]

4 아래 훈과 음에 해당하는 한자를 빈칸에 쓰세요.

(1) 온전할 전 [　]

(2) 장인 공 [　]

(3) 수레 거 [　]

(4) 편안 안 [　]

실전 속 한자 어문회

1 다음 밑줄 친 漢字語한자어의 音(음: 소리)을 쓰세요.

> 보기 漢字 → 한자

(1) 이 도로는 너무 좁아서 인도와 <u>車道</u>의 구분이 없습니다. (   )

(2) 나는 시험을 앞두고 <u>不安</u>에 떨고 있는 동생을 격려해 주었습니다. (   )

(3) 할머니 댁 앞에는 시멘트 <u>工場</u>이 있습니다. (   )

(4) 차는 험한 산골길을 <u>平地</u> 달리듯 마구 달립니다. (   )

2 다음 漢字한자의 訓(훈: 뜻)과 音(음: 소리)을 쓰세요.

> 보기 十 → 열 십

(1) 農 (   )   (2) 全 (   )

(3) 道 (   )   (4) 軍 (   )

(5) 場 (   )   (6) 祖 (   )

(7) 下 (   )   (8) 右 (   )

(9) 百 (   )   (10) 校 (   )

3 다음 訓(훈: 뜻)과 音(음: 소리)에 맞는 漢字한자를 〈보기〉에서 골라 그 번호를 쓰세요.

> 보기
> ① 水   ② 車   ③ 全   ④ 村
> ⑤ 安   ⑥ 千   ⑦ 數   ⑧ 韓

(1) 마을 촌   (   )   (2) 편안 안 (   )

(3) 온전할 전 (   )   (4) 수레 거 (   )

(5) 일천 천   (   )   (6) 셀 수   (   )

(7) 물 수   (   )   (8) 나라 한 (   )

4 다음 漢字語한자어의 뜻을 쓰세요.

(1) 安全 :

(2) 農土 :

5 다음 漢字한자의 진하게 표시된 획은 몇 번째 쓰는지 〈보기〉에서 찾아 그 번호를 쓰세요.

> 보기
> ① 첫 번째 ② 두 번째 ③ 세 번째 ④ 네 번째
> ⑤ 다섯 번째 ⑥ 여섯 번째 ⑦ 일곱 번째
> ⑧ 여덟 번째 ⑨ 아홉 번째 ⑩ 열 번째
> ⑪ 열한 번째 ⑫ 열두 번째 ⑬ 열세 번째

(1) 道 [   ]

(2) 農 [   ]

토팡이의 붕붕우산으로 원하는 그림을 그리면 실제로 변해요. 착한 마음으로 그림을 그렸을 때만 변해요. 승빈이는 붕붕우산을 실험해보고 싶어서 동물들이 사는 마을을 정성스럽게 그렸어요. 마음씨 착한 토팡이는 오랜만에 만나는 반가운 친구들에게 선물을 보내고 싶어서 먼저 친구들의 주(住)소(所)를 확인하기로 했어요. 가장 번화하고 부지런한 시(市)에 사는 개미, 여러 동물들이 모여 시끌벅적한 동(洞)에 사는 고양이, 풀이 많은 조용한 리(里)에 살고 있는 양, 바닷가에서 가까운 읍(邑)에 살고 있는 느림보 거북이의 주소까지 모두 확인했어요.

주소를 확인한 토팡이는 친구들에게 줄 선물을 붕붕우산으로 그려서 보냈어요. 음악을 좋아하지만 일하느라 늘 바쁜 개미들에게는 좋아하는 음악을 들을 수 있는 오르골을 선물로 보내고, 시끌벅적한 동에 살고 있는 날고 싶어하는 고양이에게는 미니 헬리콥터를 보냈어요. 또 앞이 잘 안 보이는 양은 낭떠러지로 떨어져 다치는 일이 많았어요. 그래서 토팡이는 양이 살고 있는 조용한 리에는 안경을 보냈어요. 안경을 쓰면 앞이 잘 보여서 더 이상 낭떠러지에 떨어지는 위험한 일은 없을 테니까요. 마지막으로 토팡이의 오랜 친구 느림보 읍에 살고 있는 거북이는 늘 빨리 달리는 토팡이를 부러워했어요. 그래서 토팡이는 전동보드를 선물해 줬어요. 전동보드를 타면 토팡이 보다도 더 빨리 달릴 수 있어요. 새 전동보드를 선물 받아 주(主)인이 된 거북이는 자신의 보드에 노란색 기(旗)를 달아 표시해 두었어요.

 한자 예고편 그림 속에 숨어있는 한자들을 찾아보세요.

| 住 살 (주) | 所 바/곳 (소) | 市 저자 (시) | 邑 고을 (읍) |
| 洞 골 (동)/밝을 (통) | 里 마을 (리) | 主 주인 (주) | 旗 기 (기) |

살 주

뜻은 **살다**이고, **주**라고 읽어요.

住 → 住 → 住

사람이 일정한 곳에 머물러 사는 모습으로, '살다'라
는 뜻을 나타냅니다.

어

住

훈 **살** 음 **주**
(부수 亻, 총 7획)

住	住	住
살 주	살 주	살 주

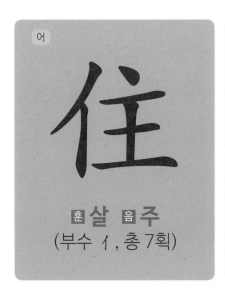

→ 흐린 색의 글씨를 따라 써보세요.

생활 속 한자

- 住民(주민)등록증에는 증명사진을 붙여야 합니다.
- 할아버지는 내년에 농촌에서의 安住(안주)를 생각하고 계십니다.

바/곳 소

뜻은 **바, 곳**이고, **소**라고 읽어요.

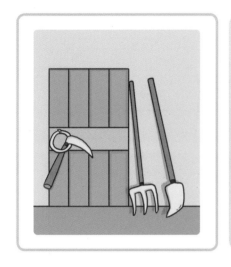

所 → 所 → 所

집(尸 집 호)의 한 쪽만 있는 문에 농기구(斤 도끼 근) 등을 걸어 놓은 모습으로, '바, 곳'이라는 뜻을 나타냅니다.

훈 **바/곳** 음 **소**
(부수 尸, 총 8획)

所	所	所
바/곳 소	바/곳 소	바/곳 소

생활 속 한자

- 친구에게 보낼 편지 봉투에 쓴 住所(주소)를 다시 한번 확인했습니다.
- 지난 추석에 할아버지 山所(산소)에 다녀왔습니다.

저자 시

뜻은 저자(상품을 팔고 사는 시장)이고, 시라고 읽어요.

물건을 벌여 놓고 사람들을 끌어 모으기 위해 깃발을 꽂아 놓은 모습에서 '저자(상품을 팔고 사는 시장)'라는 뜻을 나타냅니다.

어

市

훈 저자 음 시
(부수 巾, 총 5획)

저자 시	저자 시	저자 시

→ 흐린 색의 글씨를 따라 써보세요.

생활 속 한자

- 나는 어제 엄마와 市場(시장)에 갔습니다.
- 할아버지께서 市長(시장)에 당선되셨습니다.

고을 읍

뜻은 **고을**이고, **읍**이라고 읽어요.

𠻲 → 𠻲 → 𠻲 → 邑

사면이 담으로 둘러싸인 성에서 생활하고 있는 사람의 모습으로, '고을'이라는 뜻을 나타냅니다.

어

邑

훈 **고을** 음 **읍**
(부수 邑, 총 7획)

邑	邑	邑
고을 **읍**	고을 읍	고을 읍

생활 속 한자

- 邑內(읍내)에 나가면 신기한 물건들이 많습니다.
- 장마 때, 邑民(읍민)이 합심해서 수해 복구를 하였습니다.

골 동/밝을 통

뜻은 골/밝다이고, 동/통이라고 읽어요.

흐르는 물과 관련되어 물살로 인해 깊게 패어진 구멍의 모습으로, '골'이라는 뜻을 나타냅니다.

어

洞

훈 골　음 동
훈 밝을　음 통
(부수 氵, 총 9획)

洞	洞	洞
골 동 / 밝을 통	골 동 / 밝을 통	골 동 / 밝을 통

→ 흐린 색의 글씨를 따라 써보세요.

생활 속 한자

- 수민이는 洞口(동구) 밖 느티나무 아래에서 언니를 기다렸습니다.
- 가파른 언덕을 올라가자 커다란 洞門(동문)이 보였습니다.

마을 리

뜻은 **마을**이고, **리**라고 읽어요.

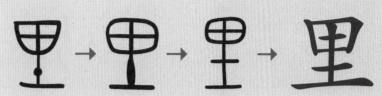

사람이 농사를 지을 수 있는 밭(田 밭 전)과 사람이 집을 지어 살 수 있는 땅(土 흙 토)이 있는 곳으로, '마을'이라는 뜻을 나타냅니다.

훈 **마을** 음 **리**
(부수 里, 총 7획)

마을 리　　마을 리　　마을 리

생활 속 한자

- 마을 잔치로 온 洞里(동리) 사람들이 다 모였습니다.
- 萬里(만리)가 넘는 길을 달려왔습니다.

주인 주

뜻은 주인이고, 주라고 읽어요.

일상생활의 중심이 되는 촛불을 집안의 주인이 관리하는 모습에서 '주인'이라는 뜻을 나타냅니다.

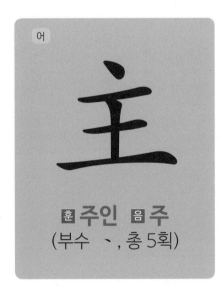

어

主

훈 주인 음 주
(부수 丶, 총 5획)

주인 주

주인 주

주인 주

→ 흐린 색의 글씨를 따라 써보세요.

생활 속 한자

- 우리나라 사람들은 밥을 主食(주식)으로 합니다.
- 길에 떨어진 지갑을 주워 主人(주인)을 찾아 주었습니다.

82

기 기

뜻은 **기(깃발)**이고, 기이라고 읽어요.

旗 → 旗 → 旗

군대에서 장수가 세운 깃대가 좁고 긴 깃발의 모습으로, '기(깃발)'라는 뜻을 나타냅니다.

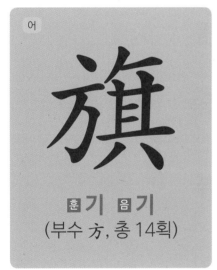

어

旗

훈 기 음 기
(부수 方, 총 14획)

旗

기 **기**

旗

기 기

旗

기 기

생활 속 한자

- 국경일에는 國旗(국기)를 게양해야 합니다.
- 체육 시간에 靑旗(청기), 白旗(백기) 놀이를 하였습니다.

사람이 머물러 사는 모습 **살 주**

한쪽 문에 걸어 놓은 농기구 **바 소, 곳 소**

깃발을 꽂고 물건 파는 모습 **저자 시**

성에 살고 있는 사람의 모습 **고을 읍**

흐르는 물살이 만든 큰 구멍 **골 동, 밝을 통**

밭과 땅이 있는 마을 **마을 리**

촛불을 지키는 주인 **주인 주**

군대의 좁고 긴 깃발 **기 기**

게임 속 한자

한자 로직

> **1** 훈, 음을 보고 해당 한자를 아래에 순서대로 쓴다.
>
> **2** 적은 한자를 보며 로직에 같은 한자를 찾아 색칠한다.
>
> **3** 색칠해서 숨겨진 한자를 먼저 완성해서 말하는 팀(개인)이 이긴다.

바 소	저자 시	고을 읍	골 동	마을 리	살 주	기 기	주인 주

家	萬	來	心	住	市	旗	邑	事	安	來	方	土	千	答
男	安	下	江	所	主	里	住	空	農	江	登	間	年	下
答	千	江	間	登	世	邑	主	洞	草	男	來	家	育	農
家	來	農	年	重	土	洞	邑	所	電	間	農	話	方	事
子	所	住	邑	洞	邑	里	旗	住	旗	市	洞	所	邑	世
千	主	市	主	旗	所	市	所	主	住	旗	市	主	洞	八
男	萬	安	來	林	歌	洞	主	洞	土	話	活	萬	草	答
事	答	下	方	育	間	住	市	旗	事	月	空	花	月	男
方	林	空	草	登	電	旗	住	市	子	育	漢	林	年	百
萬	所	里	所	旗	住	邑	市	所	住	邑	主	里	洞	林
子	市	旗	住	邑	洞	市	主	里	市	洞	住	旗	所	萬
千	來	歌	答	下	男	旗	所	洞	來	心	答	方	登	世
家	子	空	林	江	電	主	旗	邑	農	江	活	子	男	千
男	洞	主	市	旗	洞	邑	里	市	所	洞	里	主	旗	下
歌	所	住	邑	洞	所	旗	邑	主	旗	里	旗	市	邑	家

1 아래 한자에 일치하는 자원 그림을 찾아 바르게 연결하세요.

(1) 主 ·   ㉠

(2) 里 ·   ㉡

(3) 住 ·   ㉢

(4) 邑 ·   ㉣

2 아래 한자에 알맞는 훈을 골라 ○를 하세요.

(1) 旗 (깃발 , 고을)   (2) 洞 (같다 , 골)

(3) 所 (물건 , 곳)   (4) 市 (저자 , 도시)

3 아래 한자에 알맞는 음을 골라 V표를 하세요.

(1) 里 리 [ ]   전 [ ]

(2) 住 옥 [ ]   주 [ ]

(3) 邑 읍 [ ]   동 [ ]

4 아래 훈과 음에 해당하는 한자를 빈칸에 쓰세요.

(1) 주인 주 [ ]   (2) 저자 시 [ ]

(3) 바 소 [ ]   (4) 밝을 통 [ ]

실전 속 한자 _{어문회}

1 다음 밑줄 친 漢字語한자어의 音(음: 소리)을 쓰세요.

> 보기 漢字 → 한자

(1) 나는 우리 집 住所를 잘 알고 있습니다.
( )

(2) 서울의 市外 지역은 市內보다 공기가
맑은 편입니다. ( ) ( )

(3) 오늘 할 일을 來日로 미루면 안됩니다.
( )

(4) 그는 正直하고 따뜻한 사람입니다.
( )

2 다음 漢字한자의 訓(훈: 뜻)과 音(음: 소리)을 쓰세요.

> 보기 十 → 열 십

(1) 邑 ( )   (2) 學 ( )

(3) 洞 ( )   (4) 事 ( )

(5) 里 ( )   (6) 歌 ( )

(7) 重 ( )   (8) 心 ( )

(9) 五 ( )   (10) 動 ( )

3 다음 訓(훈: 뜻)과 音(음: 소리)에 맞는 漢字한자를 〈보기〉에서 골라 그 번호를 쓰세요.

> 보기
> ① 所   ② 主   ③ 住   ④ 市
> ⑤ 旗   ⑥ 出   ⑦ 然   ⑧ 食

(1) 저자 시 ( )   (2) 먹을 식 ( )

(3) 주인 주 ( )   (4) 날 출 ( )

(5) 기 기 ( )   (6) 바 소 ( )

(7) 그럴 연 ( )   (8) 살 주 ( )

4 다음 漢字語한자어의 뜻을 쓰세요.

(1) 自立 :

(2) 外出 :

5 다음 漢字한자의 진하게 표시된 획은 몇 번째 쓰는지 〈보기〉에서 찾아 그 번호를 쓰세요.

> 보기
> ① 첫 번째   ② 두 번째   ③ 세 번째
> ④ 네 번째   ⑤ 다섯 번째   ⑥ 여섯 번째
> ⑦ 일곱 번째 ⑧ 여덟 번째   ⑨ 아홉 번째
> ⑩ 열 번째   ⑪ 열한 번째   ⑫ 열두 번째
> ⑬ 열세 번째 ⑭ 열네 번 째

(1) 里 ☐

(2) 旗 ☐

승빈이는 어제 삼촌한테서 작은 인형과 지(紙)갑을 선물로 받았어요. 지갑 앞에는 금(金)색으로 '福(복)'이라는 한(漢)자(字)가 써 있었어요. 토팡이는 승빈이가 들고 있는 작은 인형을 보고 승빈이에게 이 인형은 '병마용'인데, 유명한 진시황제의 무덤에 묻혀 있는 병사들을 본뜬 모양이라고 알려 줬어요. 승빈이는 토팡이에게 중국의 진시황릉이 어떤 곳인지 궁금하다며 가보자고 했어요.

승빈이와 토팡이는 붕붕우산을 타고 병마용이 있는 진시황릉으로 왔어요. 곳곳에 중국어(語)로 된 문(文)장이 써 있었어요. 승빈이와 토팡이는 어마어마하게 넓은 곳에, 엄청나게 많은 병사들이 큰 키에 모두 각기 다른 표정을 하고 있는 것을 보고 깜짝 놀랐어요. 또 말들이 끌고 가는 마차들도 있었어요.

"진시황제가 대단한 사람이었구나~ 그럼, 진시황제는 성(姓)이 진씨겠네?"

"아니야. 옛날 중국 '진'나라에 '영정'이라는 왕이 있었어. 그 왕이 황제라는 명(名)칭을 처음으로 사용했대. 그래서 '진시황제(秦始皇帝)'라고 하는 거야."

진시황릉과 무덤 위층의 박물관을 둘러보니 벌써 해가 어두워졌어요. 승빈이는 토팡이와 돌아오면서도 계속 병마용 이야기를 했어요. 승빈이는 오늘의 일기(記) 주제를 '병마용'으로 정했어요.

한자 예고편 · 그림 속에 숨어있는 한자들을 찾아보세요.

漢 한수/한나라 (한)	字 글자 (자)	紙 종이 (지)
記 기록할 (기)	姓 성 (성)	金 쇠 (금)/성 (김)
名 이름 (명)	文 글월 (문)	語 말씀 (어)

한수/한나라 **한** 뜻은 한수, 한나라이고, 한이라고 읽어요.

옛날에 중국 장강(長江)의 거센 물살과 물줄기가 띠처럼 이어진 모습에서 '한수'라는 뜻을 나타내고, 그 일대 지역을 나라 이름으로도 사용하여 '한나라'라는 뜻도 나타냅니다.

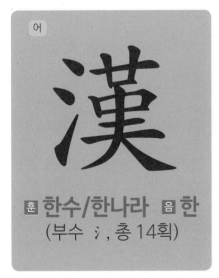

어

漢

훈 **한수/한나라** 음 **한**
(부수 氵, 총 14획)

漢	漢	漢
한수/한나라 **한**	한수/한나라 **한**	한수/한나라 **한**

➔ 흐린 색의 글씨를 따라 써보세요.

생활 속 한자

- 추운 날씨가 점점 풀리면서 얼어붙었던 漢江(한강)도 녹기 시작했습니다.
- 北漢山(북한산)에 오르면 서울의 경치가 한눈에 보입니다.

글자 자

뜻은 글자이고, 자라고 읽어요.

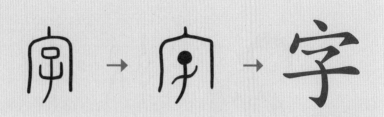

집(宀 집 면)에서 여자가 아이(子 아들 자)를 낳으면 아이가 태어났음을 알리기 위해 이름을 짓는 모습에서 '글자'라는 뜻을 나타냅니다.

훈 글자 음 자
(부수 子, 총 6획)

글자 **자**	글자 자	글자 자

생활 속 한자

- 방학 동안에 할아버지께 漢字(한자)를 배우고 있습니다.
- 선생님께서 칠판에 성함을 正字(정자)로 쓰셨습니다.

종이 지

뜻은 종이이고, 지라고 읽어요.

纟夂 → 纟亻 → 紙 → 紙

옛날에 헌 솜이나 누에고치를 물에 불리고 녹여 종이를 만드는 모습으로, '종이'라는 뜻을 나타냅니다.

어

紙

훈 종이 음 지
(부수 糸, 총 10획)

紙	紙	紙
종이 지	종이 지	종이 지

→ 흐린 색의 글씨를 따라 써보세요.

생활 속 한자

■ 방학 때 친구에게 안부 便紙(편지)를 보냈습니다.

■ 休紙(휴지)를 아무 곳에나 함부로 버리면 안 됩니다.

기록할 기

뜻은 **기록하다**이고, **기**라고 읽어요.

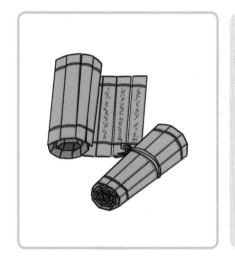

記 → 記 → 記

'말씀 언(言)'과 '몸 기(己)'가 합쳐져 만들어진 글자로, 뒤섞인 일들을 기록하여 정리한 모습에서 '기록하다'라는 뜻을 나타냅니다.

어

훈 **기록할** 음 **기**
(부수 言, 총 10획)

記

기록할 기

記

기록할 기

記

기록할 기

생활 속 한자

■ 친구들 앞에서 자신이 쓴 日記(일기)를 발표했습니다.

■ 신문에 우리 학교에 대한 記事(기사)가 실렸습니다.

성 성

뜻은 성이고, 성이라고 읽어요.

여자로부터 태어나서 같은 혈족을 이루는 모습에서 '성'이라는 뜻을 나타냅니다.

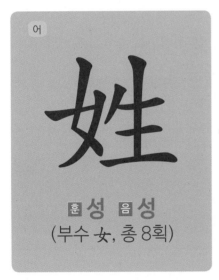

훈 성 음 성
(부수 女, 총 8획)

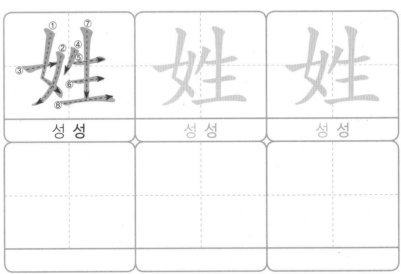

성 성   성 성   성 성

→ 흐린 색의 글씨를 따라 써보세요.

생활 속 한자

- 百姓(백성)은 나라의 근본입니다.
- 나는 한자로 내 姓名(성명)을 쓸 수 있습니다.

쇠 금/성 김

뜻은 쇠/성(씨)이고, 금/김이라고 읽어요.

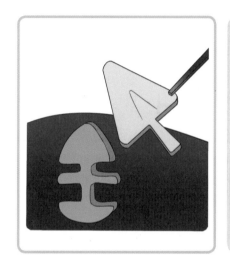

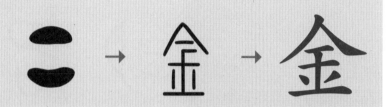

거푸집과 쇳덩이를 본뜬 모양으로, '금'이라는 뜻을 나타냅니다. 성(씨)을 말할 때는 '김'으로 쓰이기도 합니다.

진

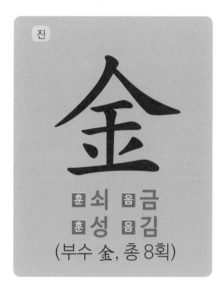

훈 쇠 음 금
훈 성 음 김
(부수 金, 총 8획)

쇠 금 / 성 김	쇠 금 / 성 김	쇠 금 / 성 김

생활 속 한자

- 건물 기둥을 金色(금색)으로 화려하게 칠했습니다.
- 나는 모아놓은 용돈을 은행에 入金(입금)했습니다.

이름 명

뜻은 이름이고, 명이라고 읽어요.

ㅂㅣ → 君 → 君 → 名

깜깜한 저녁(夕 저녁 석)에는 잘 볼 수 없기 때문에
입(口 입 구)으로 이름을 불러 서로를 구분하는 모습
에서 '이름'이라는 뜻을 나타냅니다.

어

名

훈 이름 음 명
(부수 口, 총 6획)

名	名	名
이름 명	이름 명	이름 명

→ 흐린 색의 글씨를 따라 써보세요.

생활 속 한자

■ 춘천은 닭갈비로 有名(유명)합니다.

■ 이곳은 세계적인 名所(명소)가 되어 발길이 끊이지 않습니다.

글월 문

뜻은 **글월**이고, **문**이라고 읽어요.

바르게 서 있는 사람의 가슴에 갖가지 모양으로 문신이 새겨져 있는 모습으로, '글월(글)'이라는 뜻을 나타냅니다.

_훈**글월** _음**문**
(부수 文, 총 4획)

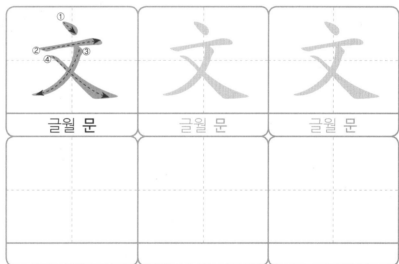

글월 문 | 글월 문 | 글월 문

생활 속 한자

- 춘향전은 우리나라의 고전 文學(문학)입니다.
- 나는 千字文(천자문)을 막힘 없이 외울 수 있습니다.

말씀 어

뜻은 **말씀**이고, 어라고 읽어요.

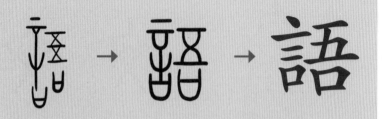

사람들이 서로 생각을 담아 말을 하거나 토론하는 모습으로, '말씀'이라는 뜻을 나타냅니다.

어

語

훈 **말씀** 음 **어**
(부수 言, 총 14획)

語	語	語
말씀 어	말씀 어	말씀 어

→ 흐린 색의 글씨를 따라 써보세요.

생활 속 한자

- 승주는 國語(국어)를 가장 잘 합니다.
- 최근에 外來語(외래어)와 外國語(외국어)의 혼용이 심각합니다.

중국 장강의 거센 물줄기 **한수 한, 한나라 한**

집안에 아이가 있는 **글자 자**

누에고치로 종이 만드는 모습 **종이 지**

뒤섞인 일들을 기록하여 정리한 모습 **기록할 기**

여자로부터 태어난 같은 성씨 **성 성**

쇳덩이를 본뜬 모습 **쇠 금, 성 김**

저녁에 입으로 부르는 이름 **이름 명**

가슴에 새겨진 문신 모습 **글월 문**

말하며 토론하는 모습 **말씀 어**

한자 카드 기차놀이

1 학생들은 카드를 섞은 후 3장의 카드를 선택하여 갖는다.

2 모둠원들은 선생님이 말하는 한자의 훈이나 음에 해당하는 카드를 책상 위에 기차 모양이 되게 배열한다.

3 같은 한자 카드는 한 개의 카드로 치며 겹쳐둔다.

4 처음에는 3장의 카드이지만 점점 카드의 개수를 늘려서 진행한다.

5 제일 긴 카드 기차를 만든 모둠이 이긴다.

1 아래 한자에 일치하는 자원 그림을 찾아 바르게 연결하세요.

(1) 文 ·

(2) 字 ·

(3) 語 ·

(4) 名 ·

㉠

㉡

㉢

㉣

2 아래 한자에 알맞는 훈을 골라 ○를 하세요.

(1) 姓 (태어나다 , 성)　　　　(2) 記 (몸 , 기록하다)

(3) 語 (말씀 , 기억하다)　　　(4) 紙 (종이 , 실)

3 아래 한자에 알맞는 음을 골라 V표를 하세요.

(1) 漢　한 [　]　　국 [　]

(2) 語　문 [　]　　어 [　]

(3) 金　토 [　]　　금 [　]

4 아래 훈과 음에 해당하는 한자를 빈칸에 쓰세요.

(1) 글월 문 [　]　　　　(2) 이름 명 [　]

(3) 글자 자 [　]　　　　(4) 기록할 기 [　]

1 다음 밑줄 친 漢字한자의 訓(훈: 뜻)과 音(음: 소리)을 쓰세요

> 보기   一月 → 일월

(1) 나는 漢字를 쓸 때 순서에 맞게 씁니다.
(   )

(2) 나라의 주인은 百姓입니다.
(   )

(3) 화단에는 花草들이 아름답게 자랍니다.
(   )

(4) 우리반은 校歌를 부르며 행진했습니다.
(   )

2 다음 漢字한자의 訓(훈: 뜻)과 音(음: 소리)을 쓰세요.

> 보기   十 → 열 십

(1) 紙 (   )   (2) 記 (   )

(3) 語 (   )   (4) 漢 (   )

(5) 字 (   )   (6) 小 (   )

(7) 村 (   )   (8) 同 (   )

(9) 火 (   )   (10) 國 (   )

3 다음 訓(훈: 뜻)과 音(음: 소리)에 맞는 漢字한자를 〈보기〉에서 골라 그 번호를 쓰세요.

> 보기
> ① 文   ② 姓   ③ 名   ④ 子
> ⑤ 金   ⑥ 邑   ⑦ 算   ⑧ 前

(1) 쇠 금 (   )   (2) 아들 자 (   )

(3) 이름 명 (   )   (4) 성 성 (   )

(5) 글월 문 (   )   (6) 고을 읍 (   )

(7) 셈 산 (   )   (8) 앞 전 (   )

4 다음 漢字語한자어의 뜻을 쓰세요.

(1) 國軍 :

(2) 靑旗 :

5 다음 漢字한자의 진하게 표시된 획은 몇 번째 쓰는지 〈보기〉에서 찾아 그 번호를 쓰세요.

> 보기
> ① 첫 번째 ② 두 번째 ③ 세 번째 ④ 네 번째
> ⑤ 다섯 번째 ⑥ 여섯 번째 ⑦ 일곱 번째
> ⑧ 여덟 번째 ⑨ 아홉 번째 ⑩ 열 번째

(1) 紙 ☐

(2) 姓 ☐

| 文　　法
글월 **문**　법 **법** | 언어를 체계적으로 구성하는 규칙
예 서점에 가면 문법(文法)책이 많습니다 |

| 發　　音
필 **발**　소리 **음** | 말의 소리를 냄, 소리내는 말이나 그 소리
예 나는 얼마 전 치아 교정을 해서 발음(發音)이 잘 되지 않습니다. |

| 詩
시 **시** | 감정이나 생각을 리듬 있게 쓴 글
예 유주가 재미있는 시(詩)를 지어서 나에게 주었습니다. |

| 民　　俗
백성 **민**　풍속 **속** | 사람들 사이에 내려오는 풍속
예 정월 대보름에는 여러 가지 민속(民俗)놀이를 합니다. |

| 實　　感
열매 **실**　느낄 **감** | 실제로 체험하는 느낌
예 특수 안경을 쓰자 화면 속 사자가 실감(實感)이 났습니다. |

| 善　　心
착할 **선**　마음 **심** | 선량한 마음
예 다른 사람의 선심(善心)을 고맙게 생각해야 합니다. |

한자 수수께끼

1. 사람 두 명이 큰 나무를 들고 가는 한자는?

정답 ✹ 울림

✹는 큰 나무(큰 대)와 두 사람(사람 인)이 있는 모습.

2. 소의 뿔이 없어진 한자는?

정답 수 우호

牛(소 우)의 위 뿔이 없어짐.

1 다음 《 》안 한자의 바른 음(소리)을 골라 번호를 쓰시오.

(1) 《金》 ☐
　① 강　② 금　③ 공　④ 구

(2) 《立》 ☐
　① 력　② 륙　③ 백　④ 립

(3) 《心》 ☐
　① 십　② 수　③ 석　④ 심

(4) 《足》 ☐
　① 자　② 족　③ 중　④ 천

(5) 《天》 ☐
　① 부　② 일　③ 천　④ 출

(6) 《出》 ☐
　① 천　② 칠　③ 산　④ 출

(7) 《兄》 ☐
　① 제　② 구　③ 형　④ 화

(8) 《目》 ☐
　① 일　② 백　③ 자　④ 목

(9) 《手》 ☐
　① 일　② 백　③ 수　④ 목

(10) 《女》 ☐
　① 녀　② 자　③ 모　④ 남

2 다음 《 》안의 뜻에 맞는 한자를 골라 번호를 쓰시오.

(1) 《쇠》 ☐
　① 江　② 男　③ 金　④ 工

(2) 《눈》 ☐
　① 立　② 百　③ 目　④ 力

(3) 《손》 ☐
　① 石　② 生　③ 手　④ 心

(4) 《들어가다》 ☐
　① 入　② 足　③ 自　④ 川

(5) 《일천》 ☐
　① 千　② 出　③ 天　④ 兄

(6) 《사내》 ☐
　① 工　② 江　③ 金　④ 男

(7) 《일백》 ☐
　① 目　② 立　③ 力　④ 百

(8) 《마음》 ☐
　① 生　② 石　③ 手　④ 心

(9) 《스스로》 ☐
　① 川　② 自　③ 入　④ 足

(10) 《하늘》 ☐
　① 兄　② 天　③ 千　④ 出

3 다음 문장 중 한자로 쓰인 단어를 바르게 읽은 것을 골라 번호를 쓰시오.

(1) **文法**에 맞게 문장을 고쳐 써 봅시다.

① 기본   ② 순서   ③ 문법   ④ 부호

(2) 달리기 선수들이 출발**線**에 섰습니다.

① 점   ② 식   ③ 원   ④ 선

(3) 방안을 **整理** 하였습니다.

① 배열   ② 정직   ③ 청소   ④ 정리

(4) 미래의 내 모습을 **想象**해 보았습니다.

① 예선   ② 선심   ③ 상상   ④ 고민

(5) **體育**시간에 줄넘기 연습을 했습니다.

① 문법   ② 체육   ③ 청소   ④ 학습

(6) 선생님의 호각 소리에 모두 **圓** 안에 모였습니다.

① 원   ② 점   ③ 문   ④ 식

(7) 일요일 **午前**에 축구를 하였습니다.

① 오전   ② 오후   ③ 점심   ④ 저녁

(8) 아나운서의 **發音**은 정확합니다.

① 방법   ② 규칙   ③ 모형   ④ 발음

(9) 그 배우의 연기는 매우 **實感**납니다.

① 장면   ② 상상   ③ 실감   ④ 자세

(10) 토요일 **午後**에 만화영화를 봤습니다.

① 오후   ② 아침   ③ 오전   ④ 점심

4 다음 문장 중 ☐ 에 들어갈 알맞은 한자를 (보기)에서 골라 번호를 쓰시오.

보기
① **出**   ② **心**   ③ **江**   ④ **母**

(1) 중☐ 내용에 밑줄을 그었습니다.

(2) 금수☐ 산에 대해 배웠습니다.

(3) 부☐ 님께 항상 효도해야 합니다.

(4) 아무 곳에도 ☐ 구는 없었습니다.

5 다음 [ ] 안에 있는 한자어의 뜻(풀이)이 바른 것을 골라 번호를 쓰시오.

(1) [**民俗**]
① 물어보는 것
② 배우는 해
③ 몸을 움직여 행동함
④ 사람들 사이에 내려오는 풍속

(2) [善心]

① 선량한 마음

② 매우 아름다운 배경

③ 몸을 움직여 행동함

④ 사람이 만들지도 않고 스스로 생겨난 것

(3) [詩]

① 그어 놓은 금이나 줄

② 감정이나 생각을 리듬 있게 쓴 글

③ 자기가 몸소 겪음 또는 그런 경험

④ 어떤 시각에서 어떤 시각까지의 사이

(4) [質問]

① 귀중하고 요긴함

② 모르거나 의심나는 점을 물음

③ 건강한 몸과 운동 능력을 기르는 일

④ 시간을 재거나 시각을 나타내는 기계

(5) [時計]

① 어떤 시각에서 어떤 시각까지의 사이

② 자기가 마땅히 해야 할 맡은 바 임무

③ 시간을 재거나 시각을 나타내는 기계

④ 감정이나 생각을 리듬 있게 쓴 글

6 다음 한자어의 독음(소리)을 〈보기〉와 같이 쓰시오.

| 보기 | 一月 (일월) |

(1) 天上 (   )   (2) 自立 (   )

(3) 火力 (   )   (4) 出口 (   )

(5) 生水 (   )   (6) 工人 (   )

(7) 母女 (   )   (8) 手下 (   )

(9) 五十 (   )   (10) 江水 (   )

7 다음 한자의 훈(뜻)과 음(소리)을 〈보기〉와 같이 쓰시오.

| 보기 | 一 (한 일) |

(1) 出 (   )   (2) 千 (   )

(3) 江 (   )   (4) 百 (   )

(5) 自 (   )   (6) 金 (   )

(7) 中 (   )   (8) 足 (   )

(9) 七 (   )   (10) 心 (   )

8 다음 중 한자어의 독음(소리)을 〈보기〉에서 찾아 쓰시오.

보기			
상상	준비	신호	부호
시간	장면	준비	자연

(1) 10년 후 모습을 想像해 보았습니다.

(   )

(2) 수영을 하기 전에는 準備운동을 해야 합니다. (   )

(3) 문장 符號에는 마침표, 물음표, 느낌표 등이 있습니다. (   )

(4) 꾸미지 않은 自然 그대로의 모습이 좋습니다. (   )

(5) 음악 時間에 실로폰을 연주했습니다.

(   )

부록

문제 속 한자

7과

1. (1) ⓒ (2) ⓖ (3) ⓔ (4) ⓓ
2. (1) 때 (2) 저녁 (3) 사이 (4) 낮
3. (1) 추 (2) 춘 (3) 하
4. (1) 午 (2) 夕 (3) 間 (4) 冬

8과

1. (1) ⓔ (2) ⓓ (3) ⓒ (4) ⓖ
2. (1) 물건 (2) 풀 (3) 꽃 (4) 심다
3. (1) 생 (2) 림 (3) 석
4. (1) 色 (2) 花 (3) 草 (4) 植

9과

1. (1) ⓖ (2) ⓓ (3) ⓒ (4) ⓔ
2. (1) 인간 (2) 기운 (3) 바다 (4) 번개
3. (1) 연 (2) 지 (3) 세
4. (1) 川 (2) 天 (3) 空 (4) 自

10과

1. (1) ⓒ (2) ⓖ (3) ⓔ (4) ⓓ
2. (1) 길 (2) 온전하다 (3) 농사 (4) 마당
3. (1) 촌 (2) 장 (3) 농
4. (1) 全 (2) 工 (3) 車 (4) 安

11과

1. (1) ⓖ (2) ⓔ (3) ⓓ (4) ⓒ
2. (1) 깃발 (2) 골 (3) 곳 (4) 저자
3. (1) 리 (2) 주 (3) 읍
4. (1) 主 (2) 市 (3) 所 (4) 洞

12과

1. (1) ⓒ (2) ⓖ (3) ⓔ (4) ⓓ
2. (1) 성 (2) 기록하다 (3) 말씀 (4) 종이
3. (1) 한 (2) 어 (3) 금
4. (1) 文 (2) 名 (3) 字 (4) 記

게임 속 한자

8과

9과

		⑥ 천	⑧ 지		⑪ 전
	③ 자	⑦ 연		⑨ 공	⑫ 기
① 세				⑩ 해	
② 상					
	④ 금	⑤ 강			

11과

바 소	저자 시	고을 읍	골 동	마을 리	살 주	기 기	주인 주
所	市	邑	洞	里	住	旗	主

家	萬	來	心	住	市	旗	邑	事	安	來	方	土	千	答
男	安	下	江	所	主	里	住	空	農	江	登	間	年	下
答	千	江	間	登	世	邑	主	洞	草	男	來	家	育	農
家	來	農	年	重	土	洞	邑	所	電	間	農	話	方	事
子	所	住	邑	洞	邑	里	旗	住	旗	市	洞	所	邑	世
千	主	市	主	旗	所	市	所	主	住	旗	市	主	洞	八
男	萬	安	來	林	歌	洞	主	洞	土	話	活	萬	草	答
事	答	下	方	育	間	住	市	旗	事	月	空	花	月	男
方	林	空	草	登	電	旗	住	市	子	育	漢	林	年	百
萬	所	里	所	旗	住	邑	市	所	住	邑	主	里	洞	林
子	市	旗	住	邑	洞	市	主	里	市	洞	住	旗	所	萬
千	來	歌	答	下	男	旗	所	洞	來	心	答	方	登	世
家	子	空	林	江	電	主	旗	邑	農	江	活	子	男	下
男	洞	主	市	旗	洞	邑	里	市	所	洞	里	主	旗	下
歌	所	住	邑	洞	所	旗	邑	主	旗	里	旗	市	邑	家

〈답: 주인 주〉

실전 속 한자 (어문회)

7과

1. (1) 추석   (2) 시간   (3) 여자   (4) 학교
2. (1) 낮 오   (2) 여름 하
   (3) 조상 조/할아버지 조   (4) 효도 효
   (5) 때 시   (6) 기를 육
   (7) 저녁 석   (8) 가을 추
   (9) 사이 간   (10) 길 장/어른 장
3. (1) ⑧   (2) ⑤   (3) ②   (4) ①
   (5) ⑦   (6) ④   (7) ⑥   (8) ③
4. (1) 봄, 여름, 가을, 겨울 (사계절)
   (2) 사이(중간)에 먹는 음식(밥)
5. (1) ⑧   (2) ⑦

8과

1. (1) 식물   (2) 매일   (3) 생화   (4) 유명
2. (1) 집 실   (2) 풀 초
   (3) 수풀 림(임)   (4) 무거울 중
   (5) 심을 식   (6) 쉴 휴
   (7) 지아비 부   (8) 남녘 남
   (9) 해 년(연)   (10) 빛 색
3. (1) ④   (2) ③   (3) ⑤   (4) ⑥
   (5) ②   (6) ⑦   (7) ①   (8) ⑧
4. (1) 꽃과 풀   (2) 나무를 기름(숲/수풀을 가꿈)
5. (1) ④   (2) ⑦

9과

1. (1) 자연   (2) 장면   (3) 천지   (4) 활동
2. (1) 바다 해   (2) 강 강
   (3) 내 천   (4) 그럴 연
   (5) 하늘 천   (6) 빌 공
   (7) 손 수   (8) 나라 국
   (9) 번개 전   (10) 스스로 자
3. (1) ⑦   (2) ①   (3) ⑤   (4) ②
   (5) ④   (6) ⑧   (7) ③   (8) ⑥
4. (1) ④   (2) ①   (3) ③
5. (1) 사람의 힘을 더하지 않은 상태
   (2) 물체의 마찰에서 일어나는 현상

10과

1. (1) 치도   (2) 불안   (3) 공강   (4) 평지
2. (1) 농사 농   (2) 온전할 전
   (3) 길 도   (4) 군사 군
   (5) 마당 장   (6) 조상 조/할아버지 조
   (7) 아래 하   (8) 오른 우
   (9) 일백 백   (10) 학교 교
3. (1) ④   (2) ⑤   (3) ③   (4) ②
   (5) ⑥   (6) ⑦   (7) ①   (8) ⑧
4. (1) 편안하고 온전함
   (2) 농사짓는 땅
5. (1) ⑫   (2) ⑦

11과

1. (1) 주소   (2) 시외, 시내   (3) 내일   (4) 정직
2. (1) 고을 읍   (2) 배울 학
   (3) 골 동/밝을 통   (4) 일 사
   (5) 마을 리   (6) 노래 가
   (7) 무거울 중   (8) 마음 심
   (9) 다섯 오   (10) 움직일 동
3. (1) ④   (2) ⑧   (3) ②   (4) ⑥
   (5) ⑤   (6) ①   (7) ⑦   (8) ③
4. (1) 스스로 홀로 섬
   (2) 집 밖으로 나감
5. (1) ⑥   (2) ⑧

12과

1. (1) 한자   (2) 백성   (3) 화초   (4) 교가
2. (1) 종이 지   (2) 기록할 기
   (3) 말씀 어   (4) 한수 한/한나라 한
   (5) 글자 자   (6) 작을 소
   (7) 마을 촌   (8) 한가지 동
   (9) 불 화   (10) 나라 국
3. (1) ⑤   (2) ④   (3) ③   (4) ②
   (5) ①   (6) ⑥   (7) ⑦   (8) ⑧

4. (1) 나라의 군대(군사)
    (2) 푸른 깃발
5. (1) ⑨   (2) ⑥

실전 속 한자 (진흥회)

1. (1) ②   (2) ④   (3) ④   (4) ②   (5) ③
    (6) ④   (7) ③   (8) ④   (9) ③   (10) ①
2. (1) ③   (2) ③   (3) ③   (4) ①   (5) ①
    (6) ④   (7) ④   (8) ④   (9) ②   (10) ②
3. (1) ③   (2) ④   (3) ④   (4) ③   (5) ②
    (6) ①   (7) ①   (8) ④   (9) ③   (10) ①
4. (1) ②   (2) ③   (3) ④   (4) ①
5. (1) ④   (2) ①   (3) ②   (4) ②   (5) ③
6. (1) 천상   (2) 자립
    (3) 화력   (4) 출구
    (5) 생수   (6) 공인
    (7) 모녀   (8) 수하
    (9) 오십   (10) 강수
7. (1) 날 출   (2) 일천 천
    (3) 강 강   (4) 일백 백
    (5) 스스로 자   (6) 쇠 금/성 김
    (7) 가운데 중   (8) 발 족
    (9) 일곱 칠   (10) 마음 심
8. (1) 상상   (2) 준비
    (3) 부호   (4) 자연
    (5) 시간

실전 모의고사 어문회 7급 II

1. 삼국
2. 학년
3. 중식
4. 팔도
5. 화력
6. 후세
7. 생물
8. 불평
9. 정답
10. 수화
11. 후문
12. 시간
13. 활력
14. 교장
15. 시내, 시외
16. 동물
17. 기사
18. 외국인
19. 좌우
20. 도민
21. 형제
22. 식수
23. 장인 공
24. 이름 명
25. 넉 사
26. 안 내
27. 먼저 선
28. 동녘 동
29. 푸를 청
30. 문 문
31. 바다 해
32. 힘 력
33. 낮 오
34. 아비 부
35. 모 방
36. 아홉 구
37. 말씀 화
38. 온전할 전
39. 일만 만
40. 강 강
41. 나무 목
42. 스스로 자
43. ④
44. ③
45. ②
46. ⑧
47. ⑦
48. ⑩
49. ①
50. ④
51. ⑤
52. ③
53. ⑥
54. ⑨
55. ④
56. ①
57. 점심 밥, 낮에 끼니로 먹는 음식
58. 나라의 임금
59. ⑥
60. ⑤

실전 모의고사 어문회 7급

1. 지방
2. 남자
3. 강북
4. 출입
5. 구중
6. 자연
7. 산천
8. 답지
9. 수만
10. 매월
11. 육림
12. 오후
13. 매년
14. 인공
15. 효도
16. 일기
17. 시내
18. 효녀
19. 백기
20. 내년
21. 시사
22. 장녀
23. 차편
24. 교인
25. 남해
26. 등기
27. 수백
28. 외래
29. 산림
30. 자립
31. 공부
32. 주소
33. 골 동/ 밝을 통
34. 빌 공
35. 문 문
36. 편안 안
37. 아우 제
38. 목숨 명
39. 군사 군
40. 동녘 동
41. 곧을 직
42. 하늘 천
43. 여름 하
44. 강 강
45. 늙을 로/ 늙을 노
46. 빛 색
47. 저자 시
48. 왼 좌
49. 북녘 북
50. 마을 리
51. 겨울 동
52. 있을 유
53. ③
54. ②
55. ②
56. ⑤
57. ④
58. ⑦
59. ⑨
60. ③
61. ⑩
62. ①
63. ⑧
64. ⑥
65. ①
66. ③
67. 나무를 심음
68. 마음 속
69. ⑥
70. ④

실전 모의고사 진흥회 7급

1. ①
2. ③
3. ④
4. ①
5. ②
6. ④
7. ③
8. ①
9. ④
10. ②
11. ①
12. ③
13. ②
14. ④
15. ③
16. ①
17. ④
18. ④
19. ③
20. ⑤
21. ①
22. ②
23. ②
24. ④
25. ③
26. ①
27. ④
28. ①
29. ④
30. ④
31. 천금
32. 토목
33. 일출
34. 중립
35. 오월
36. 천상
37. 문 문
38. 하늘 천
39. 날 출
40. 형 형
41. 강 강
42. 힘 력
43. 스스로 자
44. 사내 남/ 남자 남
45. 학년
46. 발음
47. 체육
48. 정리
49. 자세
50. 자연

父 아비 부 ←→ 子 아들 자　　出 날 출 ←→ 入 들 입

母 어미 모 ←→ 女 계집 녀(여)　　上 위 상 ←→ 下 아래 하

父 아비 부 ←→ 母 어미 모　　左 왼 좌 ←→ 右 오른 우

兄 형 형 ←→ 弟 아우 제　　先 먼저 선 ←→ 後 뒤 후

男 사내 남 ←→ 女 계집 녀(여)　　前 앞 전 ←→ 後 뒤 후

老 늙을 로(노) ←→ 少 적을 소　　南 남녘 남 ←→ 北 북녘 북

手 손 수 ←→ 足 발 족　　東 동녘 동 ←→ 西 서녘 서

問 물을 문 ←→ 答 대답 답　　大 큰 대 ←→ 小 작을 소

教 가르칠 교 ←→ 學 배울 학　　天 하늘 천 ←→ 地 땅 지

火 불 화 ←→ 水 물 수　　春 봄 춘 ←→ 秋 가을 추

日 날/해 일 ←→ 月 달 월　　夏 여름 하 ←→ 冬 겨울 동

內 안 내 ←→ 外 바깥 외　　山 산 산 ←→ 江 강 강

十 열 십	'十'이 '十月'이라고 쓰일 때는 '시'라고 읽습니다. **십** 七十(칠십)　**시** 十月(시월)
六 여섯 륙(육)	'六'이 한자어의 맨 앞에 올 때는 '육', '六月'이라고 쓰일 때는 '유', '五六月'이라고 쓰일 때는 '뉴'라고 읽습니다. **육** 十六(십육), 六十(육십)　**유** 六月(유월)　**뉴** 五六月(오뉴월)
車 수레 거(차)	'車'는 보통 동물이나 기계의 힘을 빌어 움직이는 것은 '차'로 읽고, 사람의 힘으로 움 직이는 것은 '거'로 읽습니다. **차** 自動車(자동차)　**거** 人力車(인력거)
金 쇠 금 / 성 김	'金'이 '쇠'라는 뜻으로 쓰일 때는 '금'이라고 읽고, 사람의 성을 나타낼 때는 '김'이라고 읽습니다. **금** 金色(금색)　**김** 金九(김구)
北 북녘 북 / 달아날 배	'北'이 '북녘'의 뜻으로 쓰일 때는 '북'이라고 읽고, '달아나다'라는 뜻으로 쓰일 때는 '배'로 읽습니다. **북** 南北(남북)　**배** 敗北(패배)
不 아닐 불(부)	'不'은 원래 '불'이라고 읽지만, 뒤에 오는 글자의 첫머리가 'ㄷ', 'ㅈ'으로 소리가 나는 글자이면 '부'라고 읽습니다. **불** 不便(불편)　**부** 不足(부족)
便 편할 편 / 똥오줌 변	'便'은 '편하다'라는 뜻으로 쓰일 때는 '편'이라고 읽고, '똥오줌'이라는 뜻으로 쓰일 때 는 '변'이라고 읽습니다. **편** 便安(편안)　**변** 便所(변소)

7과

春 봄춘	春秋 (춘추), 春川 (춘천), 春夏 (춘하), 春色 (춘색), 春夏秋冬 (춘하추동), 立春 (입춘), 靑春 (청춘)
夏 여름하	夏時 (하시), 立夏 (입하), 春夏秋冬 (춘하추동), 春夏 (춘하)
秋 가을추	秋夕 (추석), 秋江 (추강), 秋天 (추천), 秋冬 (추동), 春秋 (춘추), 中秋 (중추), 千秋 (천추), 春夏秋冬 (춘하추동)
冬 겨울동	冬川 (동천), 立冬 (입동), 秋冬 (추동), 春夏秋冬 (춘하추동)
時 때시	時空 (시공), 時間 (시간), 時日 (시일), 校時 (교시), 同時 (동시), 少時 (소시), 日時 (일시), 每時 (매시), 夏時 (하시)
間 사이간	間食 (간식), 中間 (중간), 車間 (차간), 空間 (공간), 世間 (세간), 時間 (시간), 人間 (인간), 三間 (삼간)
午 낮오	午前 (오전), 午後 (오후), 正午 (정오), 上午 (상오), 下午 (하오)
夕 저녁석	夕食 (석식), 七夕 (칠석), 秋夕 (추석)

8과

植 심을식	植木 (식목), 植木日 (식목일), 植民地 (식민지), 植物 (식물)
物 물건물	動物 (동물), 海物 (해물), 萬物 (만물), 事物 (사물), 四物 (사물), 植物 (식물), 文物 (문물), 名物 (명물), 生物 (생물)
生 날생	生活 (생활), 生氣 (생기), 生色 (생색), 生母 (생모), 生食 (생식), 生命 (생명), 生花 (생화), 生育 (생육), 生物 (생물), 學生 (학생), 先生 (선생), 民生 (민생), 平生 (평생), 出生 (출생)

花 꽃화	花草 (화초), 花林 (화림), 木花 (목화), 校花 (교화), 生花 (생화), 國花 (국화), 白花 (백화), 百花 (백화)
草 풀초	草家 (초가), 草木 (초목), 花草 (화초), 民草 (민초), 水草 (수초), 海草 (해초)
色 빛색	色紙 (색지), 月色 (월색), 五色 (오색), 生色 (생색), 金色 (금색), 靑色 (청색), 土色 (토색), 白色 (백색), 同色 (동색), 春色 (춘색), 有色 (유색)
林 수풀 림(임)	花林 (화림), 山林 (산림), 農林 (농림), 育林 (육림)

9과

世 인간/대 세	世間 (세간), 世上 (세상), 出世 (출세), 來世 (내세), 後世 (후세), 百世 (백세), 家世 (가세)
自 스스로 자	自白 (자백), 自活 (자활), 自動 (자동), 自重 (자중), 自立 (자립), 自然 (자연), 自足 (자족), 自主 (자주)
然 그럴 연	空然 (공연), 自然 (자연), 全然 (전연), 天然 (천연)
天 하늘 천	天下 (천하), 天氣 (천기), 天地 (천지), 天然 (천연), 靑天 (청천), 東天 (동천), 秋天 (추천)
地 땅지	地方 (지방), 地主 (지주), 地下 (지하), 地名 (지명), 外地 (외지), 土地 (토지), 空地 (공지), 天地 (천지), 平地 (평지), 農地 (농지), 心地 (심지), 植民地 (식민지)
空 빌공	空軍 (공군), 空白 (공백), 空間 (공간), 空然 (공연), 空中 (공중), 空山 (공산), 空氣 (공기), 空地 (공지), 時空 (시공)
氣 기운 기	氣道 (기도), 氣力 (기력), 電氣 (전기), 日氣 (일기), 生氣 (생기), 空氣 (공기), 大氣 (대기), 人氣 (인기), 活氣 (활기), 天氣 (천기), 軍氣 (군기)
海 바다 해	海上 (해상), 海軍 (해군), 海邑 (해읍), 海物 (해물), 海水 (해수), 海外 (해외), 海草 (해초), 海女 (해녀), 東海 (동해), 人海 (인해), 南海 (남해), 西海 (서해), 北海 (북해)

江 강 **강**	江村 (강촌), 江山 (강산), 江南 (강남), 漢江 (한강), 秋江 (추강), 長江 (장강)
川 내 **천**	山川 (산천), 春川 (춘천), 冬川 (동천), 大川 (대천)
電 번개 **전**	電話 (전화), 電氣 (전기), 電算 (전산), 電車 (전차), 電力 (전력), 電動 (전동), 電工 (전공)

10과

車 수레 **거(차)**	車道 (차도), 車間 (차간), 車主 (차주), 火車 (화차), 電車 (전차), 下車 (하차)
道 길 **도**	道立 (도립), 道學 (도학), 道場 (도장), 道人 (도인), 車道 (차도), 人道 (인도), 力道 (역도), 孝道 (효도), 氣道 (기도), 王道 (왕도), 家道 (가도), 正道 (정도), 水道 (수도)
安 편안 **안**	安全 (안전), 安住 (안주), 安家 (안가), 安心 (안심), 便安 (편안), 不安 (불안), 平安 (평안)
全 온전할 **전**	全然 (전연), 全力 (전력), 全軍 (전군), 全面 (전면), 安全 (안전), 萬全 (만전)
工 장인 **공**	工場 (공장), 工事 (공사), 工學 (공학), 工夫 (공부), 木工 (목공), 電工 (전공)
場 마당 **장**	場所 (장소), 場面 (장면), 工場 (공장), 道場 (도장), 農場 (농장), 市場 (시장), 入場 (입장), 登場 (등장)
農 농사 **농**	農家 (농가), 農民 (농민), 農村 (농촌), 農土 (농토), 農軍 (농군), 農場 (농장), 農歌 (농가), 農事 (농사), 農夫 (농부), 農心 (농심), 農林 (농림), 農地 (농지)
村 마을 **촌**	村長 (촌장), 村歌 (촌가), 村民 (촌민), 村夫 (촌부), 農村 (농촌), 江村 (강촌), 東村 (동촌), 邑村 (읍촌)

住 살 주	住所 (주소), 住民 (주민), 安住 (안주)
所 바/곳 소	所有 (소유), 所重 (소중), 山所 (산소), 住所 (주소), 便所 (변소), 場所 (장소), 名所 (명소)
市 저자 시	市民 (시민), 市立 (시립), 市長 (시장), 市外 (시외), 市場 (시장), 市內 (시내)
邑 고을 읍	邑長 (읍장), 邑面 (읍면), 邑民 (읍민), 邑內 (읍내), 邑村 (읍촌), 邑里 (읍리), 海邑 (해읍)
洞 골 동 / 밝을 통	洞里 (동리), 洞門 (동문), 洞口 (동구), 洞長 (동장), 洞民 (동민)
里 마을 리	十里 (십리), 洞里 (동리), 千里 (천리), 萬里 (만리), 邑里 (읍리)
主 주인 주	主人 (주인), 主上 (주상), 主食 (주식), 主動 (주동), 民主 (민주), 地主 (지주), 車主 (차주), 自主 (자주)
旗 기 기	旗手 (기수), 靑旗 (청기), 白旗 (백기), 校旗 (교기), 一旗 (일기), 國旗 (국기), 軍旗 (군기)

漢 한수/ 나라 한	漢江 (한강), 漢字 (한자)
字 글자 자	千字文 (천자문), 文字 (문자), 千字 (천자), 漢字 (한자)
紙 종이 지	紙面 (지면), 休紙 (휴지), 白紙 (백지), 便紙 (편지), 答紙 (답지), 色紙 (색지)
記 기록할 기	記事 (기사), 記入 (기입), 記名 (기명), 登記 (등기), 前記 (전기), 日記 (일기), 手記 (수기)

姓 성 성	姓名 (성명), 百姓 (백성), 同姓 (동성)
金 쇠 금 / 성 김	金色 (금색), 入金 (입금), 千金 (천금)
名 이름 명	名山 (명산), 名物 (명물), 名答 (명답), 名所 (명소), 名門 (명문), 姓名 (성명), 有名 (유명), 命名 (명명), 地名 (지명), 同名 (동명), 記名 (기명)
文 글월 문	文字 (문자), 文敎 (문교), 文學 (문학), 文物 (문물), 千字文 (천자문)
語 말씀 어	國語 (국어), 外來語 (외래어)

歌 手 노래 가 　 손 수	노래 부르는 일을 직업으로 삼는 사람
家 長 집 가 　 길 장	집안의 어른
家 內 집 가 　 안 내	집 안
間 食 사이 간 　 먹을/밥 식	사이(중간)에 먹는 음식(밥)
空 地 빌 공 　 땅 지	빈 땅
校 歌 학교 교 　 노래 가	학교의 노래
國 內 나라 국 　 안 내	나라의 안
國 語 나라 국 　 말씀 어	나라말, 나라말씀, 나라의 언어
農 民 농사 농 　 백성 민	농사짓는 사람
農 地 농사 농 　 땅 지	농사짓는데 쓰이는 땅
農 土 농사 농 　 흙 토	농사짓는 땅
大 事 큰 대 　 일 사	큰 일
同 한가지 동	같음, 한가지 임
同 名 한가지 동 　 이름 명	같은 이름, 이름이 같음

同 한가지 동　姓 성 성	같은 성씨
同 한가지 동　時 때 시	같은 때, 같은 시기
東 동녘 동　海 바다 해	동쪽 바다
登 오를 등　校 학교 교	학교에 감
來 올 래(내)　日 날/해 일	이튿날, 오늘의 바로 다음 날
老 늙을 로(노)　母 어미 모	늙은 어머니
老 늙을 로(노)　少 적을 소	늙은이와 젊은이
每 매양 매　事 일 사	모든 일
每 매양 매　月 달 월	매달, 다달이
名 이름 명　山 메/산 산	이름난 산
門 문 문　前 앞 전	문 앞
民 백성 민　心 마음 심	백성의 마음
白 흰 백　紙 종이 지	흰 종이
山 메/산 산　川 내 천	산과 천

上 空 위 **상** 빌 **공**	높은 하늘, 위에 있는 공중
生 食 날 **생** 먹을/밥 **식**	날 것으로 먹음
西 海 서녘 **서** 바다 **해**	서쪽 바다
姓 名 성 **성** 이름 **명**	성과 이름, 이름
小 數 작을 **소** 셈 **수**	작은 수, 얼마 되지 않는 수
水 力 물 **수** 힘 **력(역)**	물의 힘
手 動 손 **수** 움직일 **동**	손으로 움직임
手 足 손 **수** 발 **족**	손과 발
手 中 손 **수** 가운데 **중**	손 안
手 話 손 **수** 말씀 **화**	손짓으로 하는 말
植 木 심을 **식** 나무 **목**	나무를 심음
食 水 먹을/밥 **식** 물 **수**	먹는 물
食 前 먹을/밥 **식** 앞 **전**	식사하기 전
室 內 집 **실** 안 **내**	집이나 방 안

心 中 마음 심　가운데 중	마음 속
安 心 편안 안　마음 심	마음이 편안함
安 全 편안 안　온전할 전	편안하고 온전함
王 子 임금 왕　아들 자	임금의 아들
外 出 바깥 외　날 출	집 밖으로 나감
月 色 달 월　빛 색	달 빛
育 林 기를 육　수풀 림(임)	나무를 기름(숲/수풀을 가꿈)
人 間 사람 인　사이 간	사람
人 命 사람 인　목숨 명	사람의 목숨
日 記 날/해 일　기록할 기	하루에 일어난 일이나 감상을 적은 글, 날마다의 기록
日 出 날/해 일　날 출	해가 뜸, 해가 나옴
入 室 들 입　집 실	방에 들어감
入 學 들 입　배울 학	학교에 들어감
自 立 스스로 자　설 립	스스로 홀로 섬

自 活 스스로 **자**　살 **활**	자기 힘으로 살아감
長 男 길/어른 **장**　사내 **남**	맏아들, 큰아들
左 手 왼 **좌**　손 **수**	왼 손
左 右 왼 **좌**　오른 **우**	왼쪽(편)과 오른쪽(편)
左 足 왼 **좌**　발 **족**	왼 발
全 校 온전할 **전**　학교 **교**	한 학교의 전체
全 心 온전할 **전**　마음 **심**	온 마음
前 年 앞 **전**　해 **년(연)**	지난해
前 門 앞 **전**　문 **문**	문 앞
前 後 앞 **전**　뒤 **후**	앞과 뒤
正 直 바를 **정**　곧을 **직**	마음이 바르고 곧음
祖 母 조상/할아버지 **조**　어미 **모**	할머니
祖 父 조상/할아버지 **조**　아비 **부**	할아버지
直 立 곧을 **직**　설 **립(입)**	곧게 섬, 꼿꼿하게 섬

한자	뜻풀이
直後 곧을 직　뒤 후	바로 다음
車道 수레 차　길 도	차가 다니는 길
天地 하늘 천　땅 지	하늘과 땅
靑旗 푸를 청　기 기	푸른 깃발
靑色 푸를 청　빛 색	푸른 빛깔
靑天 푸를 청　하늘 천	푸른 하늘
草木 풀 초　나무 목	풀과 나무
春夏秋冬 봄 춘　여름 하　가을 추　겨울 동	봄, 여름, 가을, 겨울 (사계절)
春秋 봄 춘　가을 추	봄과 가을
海水 바다 해　물 수	바닷물
海草 바다 해　풀 초	바다에서 자라는 풀
花草 꽃 화　풀 초	꽃과 풀
活動 살 활　움직일 동	힘차게 몸을 움직임
休學 쉴 휴　배울 학	학교를 쉼, 배움을 쉼

한자쓰기

- 어문회 한자 쓰기
- 진흥회 한자 쓰기
- 진흥회 한자어 쓰기

春 봄 춘	春 봄 춘			
夏 여름 하	夏 여름 하			
秋 가을 추	秋 가을 추			
冬 겨울 동	冬 겨울 동			
時 때 시	時 때 시			

| 間 | 間 | | | |
| 사이 간 | 사이 간 | | | |

| 午 | 午 | | | |
| 낮 오 | 낮 오 | | | |

| 夕 | 夕 | | | |
| 저녁 석 | 저녁 석 | | | |

| 植 | 植 | | | |
| 심을 식 | 심을 식 | | | |

| 物 | 物 | | | |
| 물건 물 | 물건 물 | | | |

花
꽃 화

花
꽃 화

草
풀 초

草
풀 초

色
빛 색

色
빛 색

林
수풀 림(임)

林
수풀 림(임)

世
인간/대 세

世
인간/대 세

自 스스로 자	自 스스로 자			
然 그럴 연	然 그럴 연			
天 하늘 천	天 하늘 천			
地 땅 지	地 땅 지			
空 빌 공	空 빌 공			

氣 기운 기	氣 기운 기			
海 바다 해	海 바다 해			
江 강 강	江 강 강			
川 내 천	川 내 천			
電 번개 전	電 번개 전			

車
수레 거(차)

車
수레 거(차)

道
길 도

道
길 도

安
편안 안

安
편안 안

全
온전할 전

全
온전할 전

工
장인 공

工
장인 공

場 마당 장	場 마당 장			
農 농사 농	農 농사 농			
村 마을 촌	村 마을 촌			
住 살 주	住 살 주			
所 바/곳 소	所 바/곳 소			

市 저자 시	市 저자 시			
邑 고을 읍	邑 고을 읍			
洞 골 동 / 밝을 통	洞 골 동 / 밝을 통			
里 마을 리	里 마을 리			
主 주인 주	主 주인 주			

旗 기 기	旗 기 기			
漢 한수/한나라 한	漢 한수/한나라 한			
字 글자 자	字 글자 자			
紙 종이 지	紙 종이 지			
記 기록할 기	記 기록할 기			

姓 성 성	姓 성 성			
名 이름 명	名 이름 명			
文 글월 문	文 글월 문			
語 말씀 어	語 말씀 어			

生 날 생	生 날 생			
石 돌 석	石 돌 석			
自 스스로 자	自 스스로 자			
天 하늘 천	天 하늘 천			
江 강 강	江 강 강			
川 내 천	川 내 천			

工	工			
장인 공	장인 공			

金	金			
쇠 금 / 성 김	쇠 금 / 성 김			

想像(상상): 머릿속으로 그려서 생각함

想像 상 상	想像 상 상			

時間(시간): 어떤 시각에서 어떤 시각까지의 사이

時間 시 간	時間 시 간			

時計(시계): 시간을 재거나 시각을 나타내는 기계

時計 시 계	時計 시 계			

午前(오전): 아침부터 낮 12시까지의 시간

午前 오 전	午前 오 전			

午後(오후): 정오부터 해가 질 때까지의 시간

午後 오 후	午後 오 후			

場面(장면): 어떤 장소에서 벌어진 광경

場面 장 면	場面 장 면			

文法(문법): 언어를 체계적으로 구성하는 규칙

文法 문법	文法 문법			

發音(발음): 말의 소리를 냄, 소리 내는 말이나 그 소리

發音 발음	發音 발음			

詩(시): 감정이나 생각을 리듬 있게 쓴 글

詩 시	詩 시			

民俗(민속): 사람들 사이에 내려오는 풍속

民俗 민속	民俗 민속			

實感(실감): 실제로 체험하는 느낌

實感 실감	實感 실감			

善心(선심): 선량한 마음

善心 선심	善心 선심			

진흥회 7급 선정 한자

한자	훈	음
江	강	강
工	장인	공
金	쇠 / 성	금 / 김
男	사내	남
力	힘	력
立	설	립
目	눈	목
百	일백	백
生	날	생
石	돌	석
手	손	수
心	마음	심
入	들	입
自	스스로	자
足	발	족
川	내	천
千	일천	천
天	하늘	천
出	날	출
兄	맏	형

진흥회 7급 교과서 한자어

계산	計算	시계	時計
계획	計劃	식	式
교실	敎室	신호	信號
규칙	規則	실감	實感
모형	模型	안전	安全
문법	文法	역할	役割
민속	民俗	오전	午前
발음	發音	오후	午後
방법	方法	원	圓
배열	配列	자세	姿勢
변	邊	자연	自然
부호	符號	장면	場面
분명	分明	정리	整理
삼각형	三角形	정직	正直
상상	想像	정확	正確
선	線	준비	準備
선심	善心	중요	重要
시	詩	질문	質問
시간	時間	체육	體育
학습	學習	체험	體驗
환경	環境	학년	學年
활동	活動		

이야기로 배우는
진 짜 진 짜
급수한자
7급
한자 카드

春

夏

秋

冬

時

間

午

夕

여름

봄 춘

한자 카드 만들기

완성된 한자 카드에
고리를 연결하고,
여러 가지 연습이나
게임에 활용한다.

때 시

겨울 동

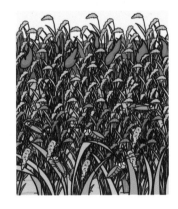

가을 추

저녁 석

낮 오

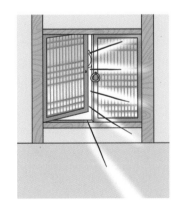

사이 간

植 物 生

花 草 石

色 林 世

 날 생

 물건 물

 심을 식

 돌 석

  풀 초

 꽃 화

 인간/대 세

 수풀 림/임

 빛 색

自 然 天

地 空 氣

海 江 川

 하늘 천

 그럴 연

 스스로 자

 기운 기

 빌 공

 땅 지

 내 천

 강 강

 바다 해

電　車　道

安　全　工

場　農　村

길

수레 거/차

번개 전

장인 공

온전할 전

편안 안

마을 촌

농사 농

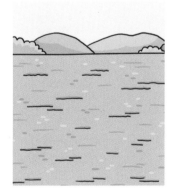

마당 장

住	所	市
邑	洞	里
主	旗	漢

 저자 시

 바/곳 소

 살 주

 마을 리

 골 동/밝을 통

 고을 읍

 한수/한나라 한

 기 기

 주인 주

字 紙 記

姓 金 名

文 語

기록할 기

종이 지

글자 자

이름 명

쇠 금/성 김

성 성

말씀 어

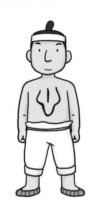

글월 문